웨이퍼 페이퍼 플라워

Wafer Paper Flowers

Wafer Paper Flowers

Your life will be as beautiful as a flower.
Maybe you will be the main character in the beautiful scent.

Contents

10 ··· Introduction
12 ··· 웨이퍼 페이퍼가 낯선 당신을 위해
14 ··· 웨이퍼의 다양한 기법
18 ··· 웨이퍼 페이퍼 vs 아이싱 시트
20 ··· 자격 검정 안내

1 준비물 갖추기
24 ··· 재료와 도구의 이해

2 기본 테크닉
48 ··· 필수 기초 학습

3 실전 학습
60 ··· 꽃피우기

4 부록
194 ··· 도안 모음집

Flowers list

거베라
P. 64

다육이
P. 68

데이지
P. 72

동백꽃
P. 76

라넌큘러스
P. 80

라일락
P. 84

모란
P. 88

무궁화
P. 92

백일홍
P. 96

백합
P. 100

벚꽃
P. 104

비올라
P. 108

수국
P. 112

수선화
P. 116

스카비오사
P. 120

아네모네
P. 124

양귀비
P. 128

올리브 잎
P. 132

유칼립투스
P. 136

잉글리쉬 로즈
P. 140

작약
P. 144

장미
P. 148

카네이션
P. 152

칼라
P. 156

코스모스
P. 160

클레마티스
P. 164

튤립
P. 168

포인세티아
P. 172

플루메리아
P. 176

호접란
P. 180

히비스커스
P. 184

히아신스
P. 188

Introduction

조현정 조핸

"당신의 꾸준함이 아름다운 꽃으로 피어나길"

식품은 우리들 삶의 일부분으로 제외할 수 없는 영역입니다. 음식을 꾸민다는 범위를 넘어서,
먹을 수 있는 재료로 만드는 안전한 취미 활동은 당신의 삶을 의미 있게 꾸며 줄 것입니다.
이 책은 공예를 좋아하는 당신이 식용 종이라는 새로운 소재에 쉽게 다가갈 수 있도록 하기 위해
기초 공식 체계를 확립하는 것을 목적으로 제작하였습니다.
아직 국내에는 웨이퍼 페이퍼 공예의 체계적인 자료가 없기 때문에 지난 준비 과정들은
마치 미로를 헤매는 것과 같아 어렵기만 했지만 이 미로의 출구를 만들겠다는 일념 하나로
여기까지 오게 되었습니다. 힘든 과정을 겪으면서도 저를 믿고 함께 달려 주신 선생님들께
감사의 마음을 전합니다. 도전과 노력의 시간은 언제나 즉각적인 보상을 주지 않습니다.
하지만 당신의 꾸준함은 반드시 좋은 결과물을 남겨 줄 것이고
이 책이 그 과정의 지름길이 되었으면 좋겠습니다.

남희원 이담공방

"당신께 드리는, 정성스러운 꽃 한 송이"

웨이퍼 페이퍼 책을 준비하던 기간을 떠올리면 새벽 어스름 그 어디쯤이 기억날 것 같습니다.
공을 들여 꽃잎을 한 장 한 장 매만지다 보면 어느새, 베란다 너머로 동이 터오는 모습을 마주하곤 했거든요.
처음부터 모든 것을 성공했던 것은 아닙니다.
이 책은, 국내에 웨이퍼 페이퍼 관련 정보와 자료가 많지 않은 데다 고가의 수업들이 대부분인지라
수많은 실패와 한계를 경험하며 한 잎 한 잎 피워낸, 어쩌면 날것에서 시작된 기록들입니다.
비록 저희에게는 그랬으나, 읽으시는 여러분들께는 부디 이 책이 정성스럽게 잘 차려낸 한 상,
혹은 이미 충분히 예쁘게 피어난 꽃으로 다가가기를 기대합니다.

이나래 꽃모락

"꽃을 좋아하고, 손으로 만드는 것을 좋아하는 당신에게"

꽃봉오리가 한 송이 꽃이 되기까지 많은 시간이 필요하듯이 웨이퍼 페이퍼로 만든 플라워 역시
많은 정성이 필요합니다. 꽃잎을 채색하며 꽃의 색을 입히고, 채색된 꽃잎을 붙여 가며
내 손으로 꽃을 피워내는 시간들이 이 책을 펼치신 모든 분들께 즐거움이 되었으면 좋겠습니다.

웨이퍼 페이퍼가 낯선
당신을 위해

웨이퍼 페이퍼는 겉보기에 A4용지와 비슷해 보이지만 먹을 수 있도록
만든 식용 종이입니다. 쌀을 주원료로 하기 때문에 라이스페이퍼라고도 부릅니다.
전분을 기반으로 기름과 물을 혼합하여 만든 것인데
우리들 어릴 적에 군것질하던 종이테이프 과자를 떠올린다면
친숙하게 느껴지실 것입니다.
차이점이라면 단맛이 적다는 것과 더욱 두꺼우면서
은근히 질긴 성질이 있다는 것인데
이러한 특성과 공예 기술을 결합한다면
그 기술은 무궁무진하게 발전할 수 있습니다.
최근에는 식용 잉크를 사용하여 프린트를 하거나 도안에 따라 재단하면서
케이크를 장식하는 기술이 상용화되어가는 추세입니다.

웨이퍼 페이퍼로 만든 장식물은 가볍다는 장점이 있고
반영구적으로 보관할 수 있다는 점에서 식품 공예를 위한 소재로 적합하며,
식품뿐만 아니라 생활 소품으로도 활용 가치가 높습니다.

최근 들어 웨이퍼 페이퍼의 기술을 궁금해하고
이를 배우고자 하는 수요가 급격히 증가하고 있지만
이를 배우고 익히기 위한 자료는
매우 한정적이라는 것이 지금의 현실입니다.
이 책은 웨이퍼 페이퍼가 식품 공예 소재의 한 분야로 자리 잡고
성장할 수 있도록 하기 위해 기초 자료를 확립하고 보급함으로써
이를 배우고자 하는 이라면 누구나 쉽게 접근할 수 있도록
한국식품공예연구원의 기획 아래 제작되었습니다.

웨이퍼 페이퍼의
다양한 기법

다이 컷팅
Die Cutting

웨이퍼 페이퍼를 기하학적인 다양한 패턴들로 컷팅하여 표면에 도포하는 기법이다. 금 펄이나 은 펄을 칠하면 패턴 효과가 극대화되고 모양이 오랫동안 유지된다.

플라워

Flowers and Butterfly

도안을 재단하거나 롤링하여
꽃이나 나비 등을 만드는
연출 기법이다.

데쿠파주

découpage

인쇄된 웨이퍼 용지를
조각으로 오린 다음
교차해서 붙이는
콜라주 기법이다.

프린팅

Printing

식용 색소를 프린터에 넣어 출력하는 방식으로
사진이나 그림을 인쇄한 뒤
쿠키나 케이크 등에 붙이는 기법이다.
식용 색소를 사용하기 때문에
일반 인쇄와 출력 색상에 차이가 있다.

웨이퍼 페이퍼 vs 아이싱 시트

아이싱 시트는 웨이퍼 페이퍼와 유사하나 엄연히 다른 제품이다.
차이점을 아래와 같이 정리했다.

웨이퍼 페이퍼 Wafer paper, Rice paper		아이싱 시트 Frosting Sheet, Icing sheet, Sugar sheet
반투명하며 비침이 있다. 0.3~0.7mm 정도로 두께가 다양하다. 수분이 닿지 않으면 빳빳함을 유지한다.	특징	웨이퍼 페이퍼보다 두껍고 비침이 적다. 유연성이 높지만 보호 필름을 벗길 때 약간 부서질 수 있다.
쌀이나 감자의 전분에 기름과 물이 첨가된다.	재료	타피오카나 옥수수 전분에 설탕과 검(식용 고무성분)이 첨가된다.
일반적으로 무향 무미하다. 간혹 미세한 바닐라 향을 첨가하기도 하지만 잘 느껴지지 않는다. 과자처럼 먹을 수 있도록 맛을 첨가하여 작게 출시한 제품도 있다.	맛	약간 달콤하고 바닐라 맛이 있지만 제품에 흡수되기 때문에 맛이 잘 느껴지지 않는다.
아이싱 시트보다 저렴하다.	가격	웨이퍼 페이퍼보다 가격이 높다. 약 3배 정도 차이.

냉장고에 넣으면 습해질 수 있기 때문에
반드시 건조한 실온에 두어야 하고
평평하게 두고 밀봉하여 보관한다.
식용 인쇄를 미리 해 두었다면
자외선 노출로 인해 변색될 수 있으니 직사광선을 피한다.

웨이퍼 페이퍼 Wafer paper, Rice paper		아이싱 시트 Frosting Sheet, Icing sheet, Sugar sheet
식용 인쇄 기술이 가능하지만 아이싱 시트에 비해 선명한 정도가 낮고, 인쇄 후 수분과 닿으면 쉽게 번지거나 구부러지는 단점이 있다. 하지만 최상의 품질을 구사해야 하는 것이 아니라면 케이크나 쿠키 장식용 인쇄로 사용할 만하다.	인쇄 품질	식용 인쇄에 적합하도록 설계되어 만들어진 제품이기 때문에 대체로 이미지가 선명하고 품질이 높다.
웨이퍼 페이퍼는 수용성이기 때문에 수분에 주의해야 한다. 인쇄 후 뒷면을 화이트 초콜릿으로 얇게 펴 바르면 수분과 닿는 것을 막을 수 있어 다양한 제품에 적용할 수 있다. 버터크림 케이크에 올릴 때는 별도의 처리 작업 없이 바로 올릴 수 있다.	식품 적용	뒷면에 퐁당 처리가 되어 있어 수분이 많은 제품과 바로 닿아도 괜찮다. 버터크림, 휘핑크림, 슈거 페이스트, 로열 아이싱, 아이스크림, 초콜릿 등 다양한 제품에 장식할 수 있다.

목표 학습을 위한
자격증 시험 검정 안내

■ 웨이퍼 페이퍼 공예사 민간자격 개요

자격 명칭   웨이퍼 페이퍼 공예사 (Wafer paper designer)
등록 번호   2019-005255 (주무부처: 식품의약품안전처)
민간자격관리기관   한국식품공예연구원
응시 자격   성별, 지역, 연령, 학력에 제한을 두지 않는다.
주요 직무   도안에 따라 식용 종이를 재단하고 기교를 위한 적절한 수분 공급, 문지르기, 주름 내기, 채색 과정을 거쳐 플라워, 리프 등의 장식물을 만드는 자로서 전문 강사 및 판매점 납품 기사 직무를 수행한다.

■ 자격 검정 시행 안내

과목명 및 전형료

2급	1급
웨이퍼 페이퍼 2급 실무 응시료: 5만 원 (단, 불합격 후 한 달 이내 재응시 시 면제) 발급비: 3만 원	웨이퍼 페이퍼 1급 실무 응시료: 5만 원 (단, 불합격 후 한 달 이내 재응시 시 면제) 발급비: 3만 원

합격 기준

2급	1급
준전문가 수준의 수분 조절 감각과 채색 기술을 습득한 중급자를 선별하기 위한 문제가 출제되며 실기 평가 후 점수로 환산하여 100점 기준 60점 이상 취득한 자를 합격으로 한다.	전문가 수준의 채색 능력, 수분 주기, 주름 잡기 등의 데커레이션 기술을 갖춘 상급자를 선별하기 위한 문제가 출제되며 실기 평가 후 점수로 환산하여 100점 기준 60점 이상 취득한 자를 합격으로 한다.

■ 자격 검정 신청 안내

신청 방법

온라인을 통한 신청 접수

www.krifa.kr 접속 → 메뉴 → 자격 응시 신청 → 신청서 작성 후 보내기 → 검정료 납부

문의처

E-mail cer@krifa.kr
Tel 02-2678-8834
Fax 02-6442-8834

오프라인 교육 기관

영등포 010-9109-8471
동　작 010-8467-1995
인　천 010-3081-9822

카네이션 쿠키

편지 모양의 쿠키 위에
웨이퍼 페이퍼로 만든
카네이션을 올리고,
부모님에 대한
사랑의 마음을 담은
레터링을 적어 완성한
카네이션 쿠키입니다.

TOOLS AND SUPPLIES

CHAPTER 01
준비물 갖추기

재료와 도구의 이해

웨이퍼 페이퍼
Wafer Paper

플라워에 적합한 웨이퍼 페이퍼는 아직 우리나라에 정식 수입이 되고 있지 않아 해외 직구를 통해 구입할 수 있습니다. 최근 수입을 시작해 마트에서 판매되는 제품이 있긴 하지만 두께가 두껍고 착색이 되어 있다는 단점 때문에 플라워 공예용으로는 적합하지 않습니다. 해외 직구가 어렵더라도 구매대행을 하는 업체가 많이 있기 때문에 검색창에서 쉽게 찾아 구입할 수 있습니다.

웨이퍼 페이퍼는
보관하는 장소도 중요합니다.
집안의 습한 위치를 피해 주시고,
습기가 많은 주방보다는
밀폐 용기에 담아
서재에 보관하는 것이 더 좋습니다.

줄기 소재
Flower Stems

공예용 철사는 자유자재로 구부릴 수 있어 모양을 잡기 좋고 부러짐이 없어 작업에 용이하지만 단면이 날카롭기 때문에 먹는 제품보다는 생활 소품 제작에 사용하기 좋고, 식품을 장식할 때는 당면이나 스파게티 면으로 줄기를 만들어 사용합니다. 시금치나 클로렐라가 함유되어 색이 있는 면을 사용하거나 삶는 물에 색소를 넣어 색이 있는 줄기를 만들 수 있고, 채색한 웨이퍼 페이퍼를 감싸 사용하기도 합니다.

당면

Cellophane noodles

미지근한 물에 불린 당면을 채반에 올려 물기를 빼고 넓은 쟁반에 한 줄씩 원하는 모양으로 놓아둔 뒤, 하루 정도 말려서 사용합니다.

스파게티 면

Spaghetti noodles

끓는 물에 오일을 넣고 8분간 삶은 다음 채반에 두어 물기를 제거하고, 넓은 쟁반에 펼쳐 모양을 잡은 뒤 하루 정도 말려서 사용합니다. 삶은 면을 찬물에 헹구면 전분이 빠져 잘 끊어지므로 헹구지 않습니다.

크래프트 툴
Craft Tools

비슷하게 생긴 웨이퍼 페이퍼 꽃잎이라도 만드는 방법은 천차만별입니다. 이렇게 다양한 꽃을 피워내기 위해서는 많은 종류의 공예 도구들이 사용됩니다. 이 책에서 소개하는 도구 외에도 아주 다양한 종류의 도구가 있지만 반드시 모두 갖추어야 하는 것은 아닙니다. 자신에게 필요한 만큼만 적절히 구비한다면, 누구나 어렵지 않게 꽃을 피울 수 있습니다.

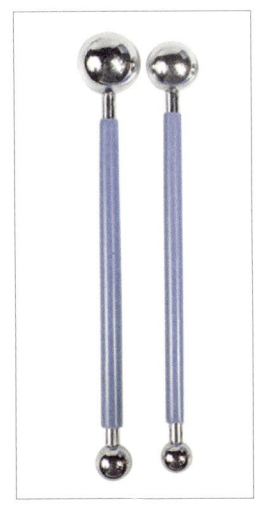

볼 툴
Ball Tool

중앙을 둥글려서 오목하게 늘리거나 가장자리를 얇게 펴는 도구

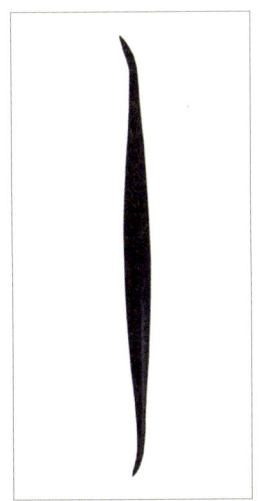

드레스덴 & 베이닝 툴
Dersden & Veining Tool

휘거나 구부러짐. 나풀거림을 표현하거나 눌러서 잎맥을 만드는 도구

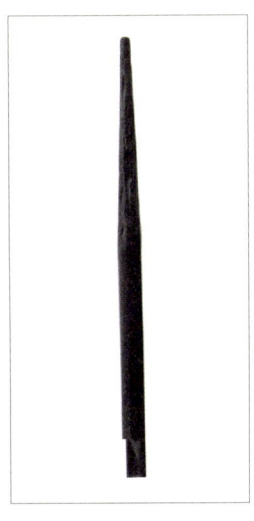

페탈 베이너 툴
Petal Veiner Tool

홈이 있는 부분으로 문질러서 잎맥이나 주름을 만드는 도구

공예 가위
Craft Scissors

도안을 재단하거나 풍성한 수술을 표현하기 위한 도구

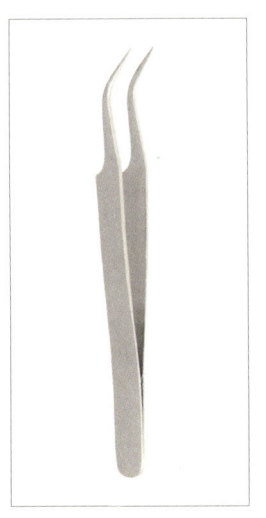

핀셋
Tweezers

꽃잎이나 수술을 옮길 때 손 대신 사용하는 도구

바늘 툴
Scriber Needle Tool

아주 작은 수술을 옮기거나 붙일 때 사용하는 도구

폼 패드
Foam Pad

웨이퍼 페이퍼의 모양을 잡을 때 사용하는 도구

팔레트
Palette

채색을 할 때 색소와 보드카를 섞기 위한 도구

베이너
Slicone Veiners

웨이퍼 페이퍼나 슈거 페이스트, 앙금 페이스트 등으로 플라워 장식을 만들 때 사실적이고 자연스러운 잎맥 모양을 내기 위한 용도로 사용합니다. 재단한 꽃잎 용지를 베이너에 올려놓고 문지르는 방법으로 사용하는데 간혹 짙은 채색을 할 때 색소가 베이너에 묻어나 바로 다음 작업물에 영향을 끼칠 수 있는 점과, 너무 강한 힘으로 문질렀을 때 웨이퍼 페이퍼가 찢어질 우려가 있는 점에 유의하면서 적절한 사용법을 익히도록 합니다.

이렇게 사용하세요

1

크기에 맞는 베이너를 골라 꽃잎을 올린다.

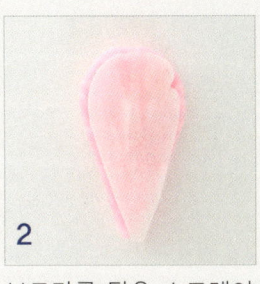

2

보드카를 담은 스프레이를 1회 분사한다.

3

베이너 반대쪽을 올려서 수직으로 누른다.

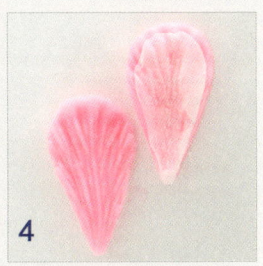

4

꽃잎을 충분히 말린 뒤 떼어내 사용한다.

베이닝 툴을 사용하여 잎맥 만들기

굳이 베이너를 사용하지 않더라도, 베이닝 툴로 간단하게 잎맥 효과를 낼 수 있습니다. 꽃잎의 중간-끝부분을 베이닝 툴을 이용해 일자로 그어 주면. 잎맥이 완성됩니다.

TIP

웨이퍼가 너무 건조하거나 축축한 상태로 잎맥을 만들면 찢어지기 쉽습니다.
이때 쇼트닝을 붓으로 칠해두면 웨이퍼 페이퍼가 질겨져서 모양을 잡기 쉬워집니다.

모양 펀치
Craft Punch

웨이퍼 페이퍼를 밀어 넣고 찍어 주기만 하면 간편하게 꽃잎을 재단할 수 있는 도구입니다. 웨이퍼 페이퍼 플라워를 만들다 보면, 도안대로 꽃잎을 재단하는 데 생각보다 많은 시간이 소요됩니다. 또한 웨이퍼 페이퍼는 뻣뻣하고 잘 찢어지는 성질이 있어 작은 꽃잎을 자를 때 어려움을 겪기도 합니다. 이때 모양 펀치를 사용하면 준비 시간을 줄일 수 있고 까다로운 도안도 쉽게 재단할 수 있습니다.

"

재단하고 남은 자투리는
버리지 마시고
작은 모양의 펀치로 재단해서
밀폐 용기에 보관해보세요.

당장 사용하지 않더라도
급하거나 꾸밈 소재가 필요할 때
유용하게 쓰일 수 있습니다.

"

붓

Paint Brushes

채색을 하거나 접착할 때, 그리고 잎맥을 만들기 전 웨이퍼 페이퍼를 부드럽게 만드는 용도로 사용합니다.

둥근붓
세필붓
납작붓
사선붓

납작붓

Flat-style brush

둥근 붓에 비해 수분 조절이 쉽고 넓은 면적을 빠르게 채색할 수 있어 가장 많이 사용합니다.
하지만 진한 채색을 할 때 붓이 지나간 자국이 쉽게 남는다는 점에 주의해야 합니다.

둥근붓

Round style brush

좁은 부분에 포인트를 주거나 점박이 등의 문양을 낼 때 사용하는데 붓 자국이 자연스럽다는 장점이 있습니다. 간혹 물을 과도하게 머금는 경우가 있어 수분 조절에 주의해야 합니다.

수분을 조절하는 도구
Steam and Dry

웨이퍼 페이퍼에 수분이 너무 많으면 종이가 뭉치거나 쪼그라들고, 반대로 수분이 너무 부족하면 모양을 잡을 때 찢어지는 경우가 생깁니다. 웨이퍼 페이퍼에 수분을 주는 기본적인 방법은 보드카를 묻힌 붓을 1-3회 칠하는 방법입니다. 이때 붓의 수분 상태가 매우 중요한데 붓을 팔레트의 넓은 면이나 스펀지에 2~3회 정도 긁듯이 문지르면 적정량을 맞출 수 있습니다. 그 밖에도 다음에서 소개하는 도구를 사용한다면 적절한 수분량을 맞출 수 있습니다.

보습

가습기
Humidifier

미세한 수분을 공급할 때 유용한 도구

분무기
Water Spray gun

거친 입자를 분사해 흠뻑 적실 때 사용

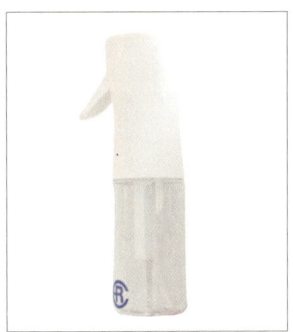

물 주전자
Steam pot

끓는 증기를 이용하여 수분을 공급하는 도구

건조

핫 건
Hot gun

수분이 과할 때 빠른 건조를 위해 약하게 사용

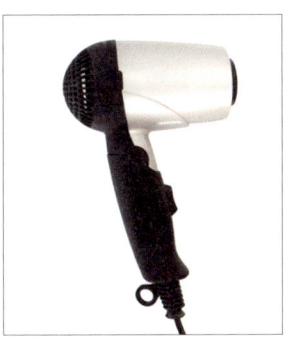

건조용 패드
Dry Sponge mats

수분 공급 후 건조를 위해 올려놓는 도구

수건
Towel

항상 손이 건조하도록 비치하여 작업 중 사용

식용 색소
Edible Pigment

불과 5년 전만 해도 식용 색소가 지금처럼 다양하지 않았기 때문에 제품을 선택하는 범위는 한정적이었습니다. 푸드 아트 시장이 성장하면서 식용 색소 시장도 덩달아 함께 성장하고 있고 지금은 많은 브랜드의 제품이 출시되었기 때문에 선택의 폭이 넓어졌습니다. 웨이퍼 페이퍼는 채색 후 건조 과정이 중요하기 때문에 색소의 선택도 중요합니다.

> 식용 색소를 사용할 때
> 꼭 필요한 준비물은 보드카입니다.
> 농도가 된 식용 색소를 웨이퍼 페이퍼에 칠하려면
> 부드럽게 풀어주어야 하기 때문입니다.
> 물론 농도가 묽은 제품을 선택해서
> 보드카를 섞지 않고 바로 채색하는 방법도 있지만
> 이럴 경우 건조 시간이 많이 소요되기 때문에
> 빠르게 다음 작업을 할 수 없어 불편합니다.
> 보드카는 작은 튜브에 소분해서 사용하면
> 편하게 작업할 수 있습니다.

이 책에서 사용한 식용 색소

윌튼 색소

우리나라에 일찍이 수입되어 자리를 잡은 인기 있는 색소입니다. 정식 수입되는 색상은 흰색을 포함한 14색이지만 해외에서 유통되는 색상은 훨씬 더 많으며 아마존이나 윌튼 닷컴 홈페이지에서 구입할 수 있습니다. 이쑤시개로 찍어서 사용해야 하는 단점이 있지만 발색이 잘됩니다.

이 책에서 사용한 식용 색소

셰프마스터 색소

우리나라에 수입된지는 그리 오래되지 않았지만 빠르게 고객층을 잡고 있는 인기 색소입니다. 색상은 30종으로 아주 다양하고 윌튼 색소처럼 젤 타입도 있지만 튜브형을 사용하면 손에 묻는 것이 덜해 사용하기 편리합니다. 수용성과 지용성 색소가 있으며 이 책에는 수용성 제품을 사용했습니다.

나를 만나는 감성의 시간

햇살 가득한 어느 날,
잔잔한 음악과 함께
커피 향을 맡으며
한 잎 한 잎
꽃잎을 만들다 보면
어느새 내 손에선
아름다운 꽃이 피어 있다.
나의 가치를 의미 있게 만드는
감성의 시간이다.
웨이퍼 페이퍼 플라워 공예는
언제나 힐링이 된다.

BASIC SKILL

CHAPTER 02
기본 테크닉

필수 기초 학습

봉우리 만들기

동글동글한 꽃을 만들 때는
자연스러운 볼륨감을 주기 위해
봉우리를 만들어 기둥으로 사용합니다.
식품용으로 만들 때는
슈거 페이스트와 웨이퍼 페이퍼로 만들고
장식품 용도로 만들 때는
간편하게 천사 점토나 클레이를
사용할 수 있습니다.

웨이퍼 페이퍼로 만드는 방법 (1)

1. 재단하면서 남은 자투리를 모아두었다가 믹싱 볼에 담는다.
2. 물을 1~2스푼을 넣어 적신다.
3. 손으로 동글동글하게 빚는다.
4. 한쪽 끝을 뾰족하게 다듬어 하루 정도 말린다

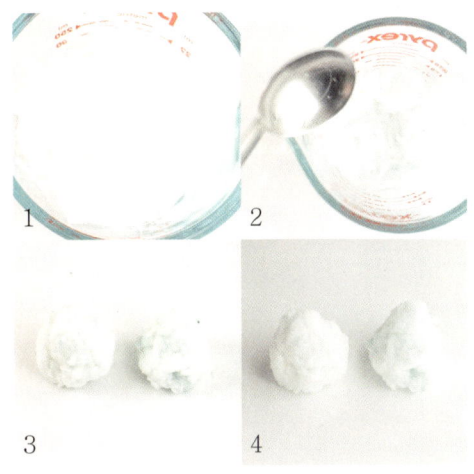

웨이퍼 페이퍼로 만드는 방법 (1)

1. 웨이퍼 페이퍼를 4~5cm 정도의 사각형으로 재단해 동그랗게 말아 붙인다.
2. 양 옆면을 눌러 넣는다.
3. 당면을 끼우고 이음새를 붙인다.
4. 꽃잎의 색상으로 채색한다.

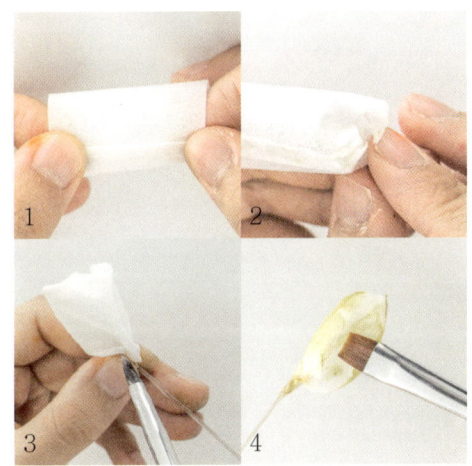

슈거 페이스트로 만드는 방법

1. 마시멜로 20g에 약간의 물을 넣어 전자레인지 30초~1분 정도 데운 뒤 주걱으로 휘저어 녹인다.
2. 슈거파우더 12g을 넣고 휘젓는다.
3. 손에 쇼트닝을 바르고 반죽한다.
4. 손으로 둥글리거나, 몰드에 넣고 찍어 굳힌다.

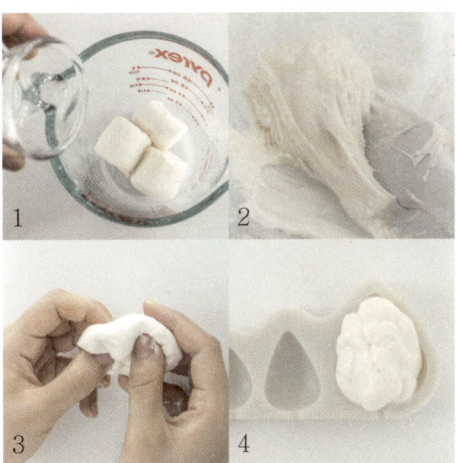

접착제 만들기

웨이퍼 페이퍼에
가장 많이 사용하는 접착제는 보드카입니다.
물로 붙여도 되지만 건조가 빠른 장점이 있고
만들어 사용하는 접착제보다
준비 또한 간편하기 때문입니다.
알고 있으면 도움이 될,
고가 수업에서 알려주는
특별한 접착제를 소개합니다.

웨이퍼 페이퍼로 만드는 방법

자투리를 모아 담고 물을 조금 넣어 축축하게 한 다음 전자레인지에 10초~30초간 데운다.

슈거 페이스트로 만드는 방법

51페이지를 참고해 슈거 페이스트를 만들고 보드카를 잠기도록 부어 담가 둔다.

CMC로 만드는 방법

cmc 1g당 물 50g을 넣고 잘 섞은 뒤 잠시 둔다.

채 색
기 법

색소와 보드카의 비율을 적절히 조절하면
다양한 색감과 질감을 표현할 수 있습니다.
윌튼이나 셰프마스터와 같은 액상형 색소뿐만 아니라
천연 가루와 같은 분말 색소를 함께 사용한다면
더욱 다양하게 표현할 수 있습니다.
한 가지의 색상만 사용하는 것보다
2가지 이상의 색상을 혼합해 사용하면
조금 더 리얼하게 표현할 수 있습니다.

연한

색소를 소량 섞었어도 생각과 달리 진할 수 있으니 테스트 후 사용한다.

진한

진한 채색을 할 때는 색소에 보드카를 한두 방울 정도만 넣어 색소를 살짝 풀어서 사용한다.

그라데이션

두 가지 이상의 색상을 채색하는 기법으로 먼저 칠한 색소가 적당히 건조된 후 다음 색상을 채색해야 찢어지지 않는다.

거친

천연 가루와 같은 가루 제품을 완전히 풀지 않고 채색하면 거친 느낌을 표현할 수 있다.

물든

꽃잎을 줄기에 붙인 후에 다시 한번 더 채색하는 기법으로 꽃잎보다 조금 더 진한 색이나 같은 색으로 가장자리 부분을 칠하면 좀 더 생화같이 표현된다.

기본 세팅

원활한 작업을 위해 기본 세팅은 필수입니다.
각 도구마다 제 위치를 정한다면 작업 도중
허겁지겁 찾는 일은 없을 것입니다.
만일 왼손잡이라면, 사진 속에 도구들의 위치를
가로로 뒤집어 세팅하면 됩니다.
작업에 필요한 면적은 좁은 책상 하나 정도면
충분하기 때문에 서재 한편에 전용 테이블을
따로 두는 것도 작업 효율을 높이는 데
도움이 될 것입니다.

생화 같은 아름다움의 매력

웨이퍼 페이퍼 플라워는
섬세한 표현이 가능하기 때문에
생화 같은 연출이 가능하다.
화병에 꽂아두거나
작은 액자에 붙여서
걸어 두기만 해도
분위기가 달라진다.
집안 인테리어 소품으로
활용할 수 있는 훌륭한 소재이다.

웨이퍼 페이퍼
플라워 소개 영상

CHAPTER 03

실전 학습

꽃피우기

웨이퍼 페이퍼 플라워를 만들 때
플라워 & 리프 셰이퍼 툴(flower /leaf shaper tool)과
드레스덴 & 베이닝 툴(Dersden & Veining Tool)은 서로 호환됩니다.
이 책에서는 두 도구를 구분하지 않고 모두 '베이닝 툴'이라고 지칭했습니다.

휴대폰으로 쉽게 동영상을 보는 방법

휴대폰에 있는 네이버나 다음 앱을 사용하여
동영상을 볼 수 있습니다.

1. 휴대폰에 네이버 또는 다음 앱을 설치한다.
2. 앱을 실행한다.
3. 아래 사진을 참고하여 QR코드를 실행한다.
4. 카메라가 실행되면 책 속 QR코드를 스캔한다.

Gerbera

거베라

도안 | p.196

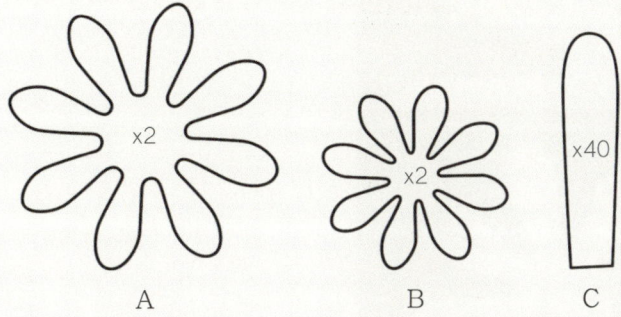

A   B   C

꽃잎 (1)

1. 윌튼 레몬 옐로우 색소에 보드카를 소량 섞는다.

2. 도안 C를 채색한다.

3. 베이닝 툴로 눌러 구부린다.

4. 꽃잎 (1) 완성

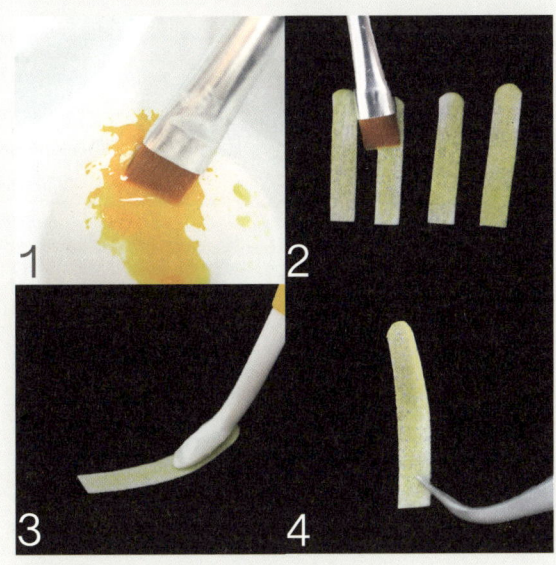

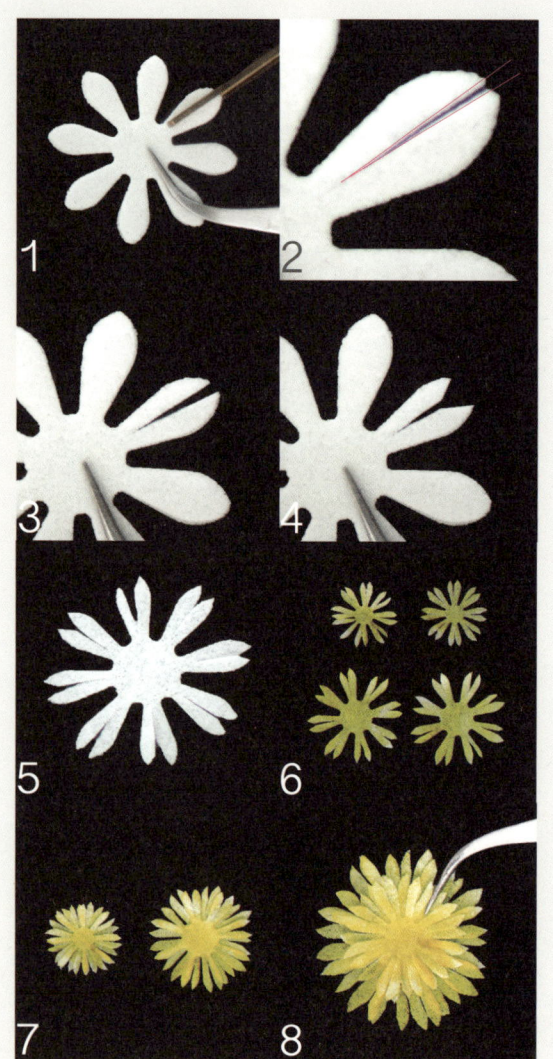

꽃잎 (2)

1. 도안 A와 B에 가위로 칼집을 넣는다.

2. 칼집을 기준으로 양쪽을 오린다.

3. 오린 모습

4. 끝부분을 뾰족하게 다듬는다.

5. 도안 A와 B의 모든 면을 같은 방법으로 다듬는다.

6. 꽃잎 (1)과 같은 색상으로 채색한다.

7. 2장씩 포갠다.

8. 도안 A와 B를 포갠다.

수술

1. 자투리 웨이퍼 페이퍼에 초록 계열의 색상과 검정을 혼합해 탁하게 만든 색소를 채색한다.

2. 보드카를 넉넉히 적시고 돌돌 말아 준다.

3. 가위로 작게 자른다.

4. 보드카를 적셔 꽃잎 (2)의 위에 붙인다.

꽃피우기

1. 자투리를 동그랗게 재단하고 꽃잎 (1)을 위, 아래, 양옆에 하나씩 붙여 네 방향의 중심을 잡는다.

2. 나머지 꽃잎을 하나씩 붙여 풍성하게 만든다.

3. 꽃잎을 모두 붙인 모습

4. 수술까지 완성된 꽃잎 (2)를 중앙에 붙인다.

Succulent

다육이

도안 | p.196

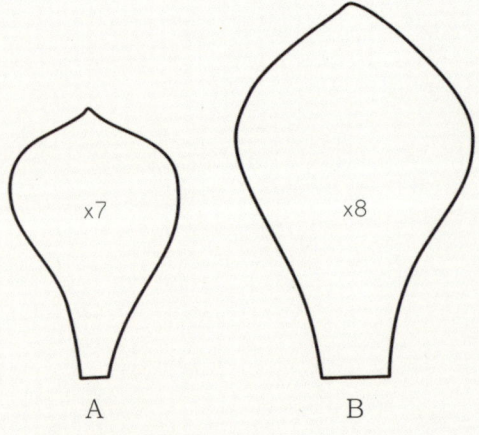

A ×7   B ×8

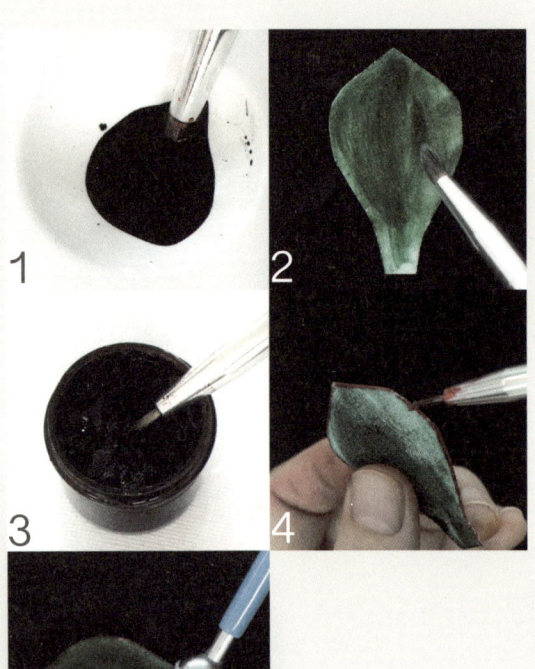

잎 준비

1. 윌튼 켈리 그린 색소에 윌튼 스카이 블루 & 윌튼 로즈 색소를 조금씩 혼합한 뒤 보드카와 섞는다.

2. 두꺼운 웨이퍼 페이퍼로 도안을 재단하고 수분이 거의 없도록 채색한다.

3. 윌튼 버건디 색소를 준비한다.

4. 세필붓으로 가장자리 부분을 채색한다.

5. 볼툴로 둥글려 잎을 구부린다.

다육이 피우기

1. 자투리 웨이퍼 페이퍼에 보드카를 적신다.

2. 큰 잎을 붙인다.

3. 똑바르지 않게 4장을 붙인다.

4. 나머지 4장을 붙일 때도 똑바르지 않도록 한다.

5. 작은 잎 3장을 세워서 붙인다.

6. 나머지 작은 잎 4장을 완전히 세워서 중앙에 붙인다.

7. 마른 휴지를 사이사이에 끼우고 하루 동안 건조한다.

도안 | p.196

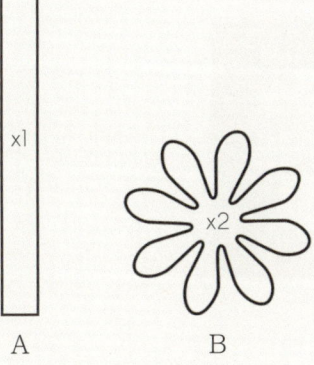

A   B

수술

1. 윌튼 레몬 옐로우 색소에 보드카를 적당량 섞는다.

2. 도안 A를 채색한다.

3. 약 1~2mm 정도의 두께로 재단한다.

4. 반으로 접은 뒤 짧게 툭툭 끊는다.

5. 동그랗게 둥글려서 작은 알갱이를 만든다.

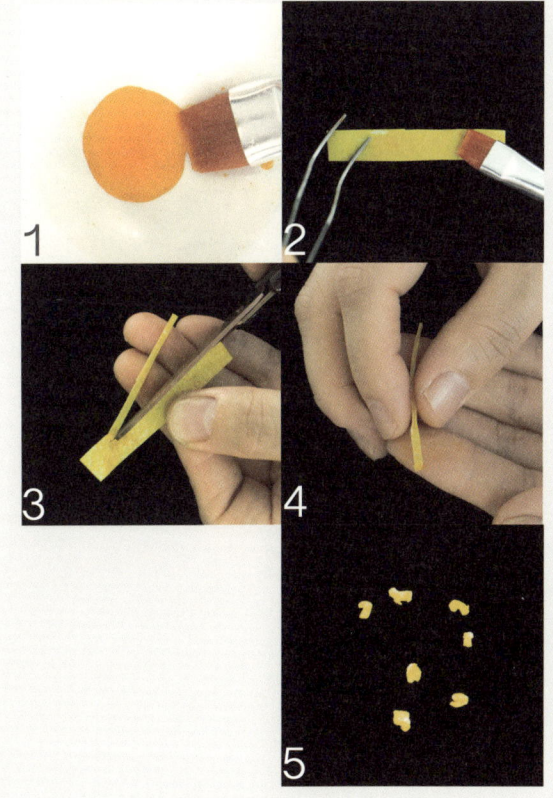

꽃잎

1. 도안 B를 2장 재단한 뒤 그중 한 장은 한 잎을 떼어낸다.

2. 두 장을 포갠다.

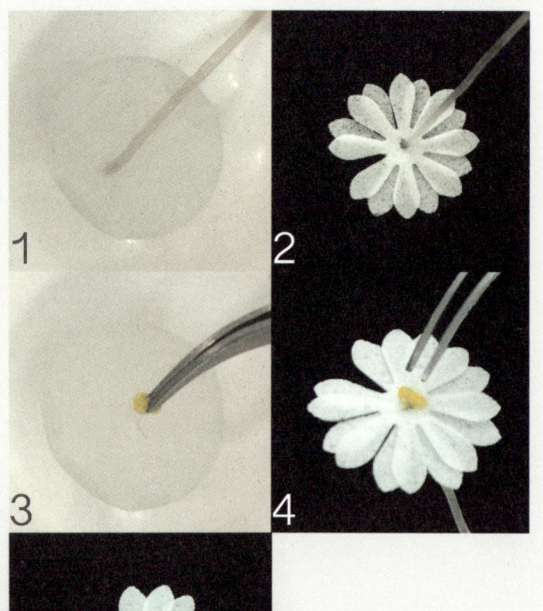

꽃피우기

1. 당면 끝을 보드카에 담가 적신다.

2. 준비한 꽃잎의 중앙에 눌러 붙인다.

3. 수술을 핀셋으로 집어 보드카에 적신다.

4. 꽃의 중앙 부분에 하나씩 붙인다.

5. 꽃잎 완성

줄기

1. 웨이퍼 페이퍼를 줄기 길이만큼 자른 뒤 보드카를 적신다.

2. 데이지 줄기를 감싼다.

3. 보드카를 덧칠하며 단단하게 말아 줄기를 만든다.

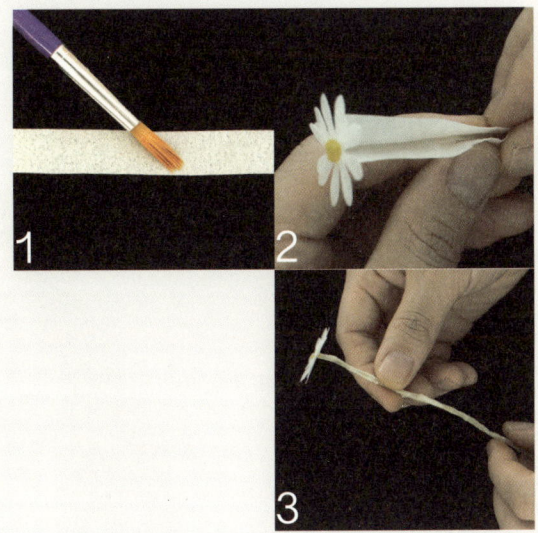

Camellia

동백꽃

도안 | p.197

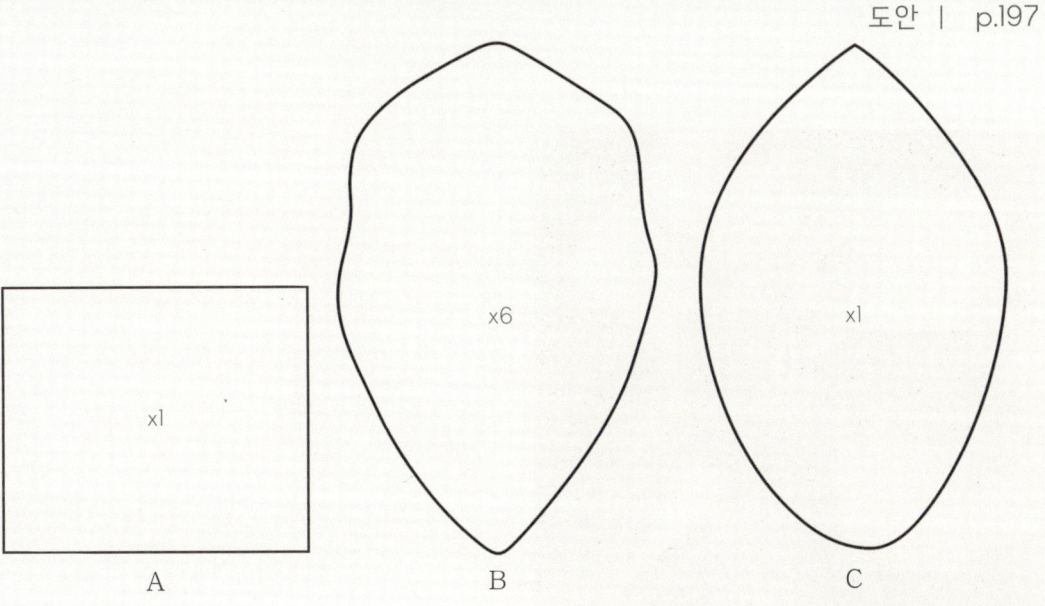

A ×1
B ×6
C ×1

꽃잎 준비

1. 셰프마스터 슈퍼 레드 & 윌튼 로즈 (소량)색소에 보드카를 적당량 섞는다.

2. 도안 B를 넓은 붓으로 채색한다.

3. 채색한 꽃잎을 베이너로 눌러 잎맥을 만든다.

4. 꽃잎을 살짝 말린다.

5. 쇼트닝을 바른 볼툴로 꽃잎의 중간 부분과 끝부분을 문지른다.

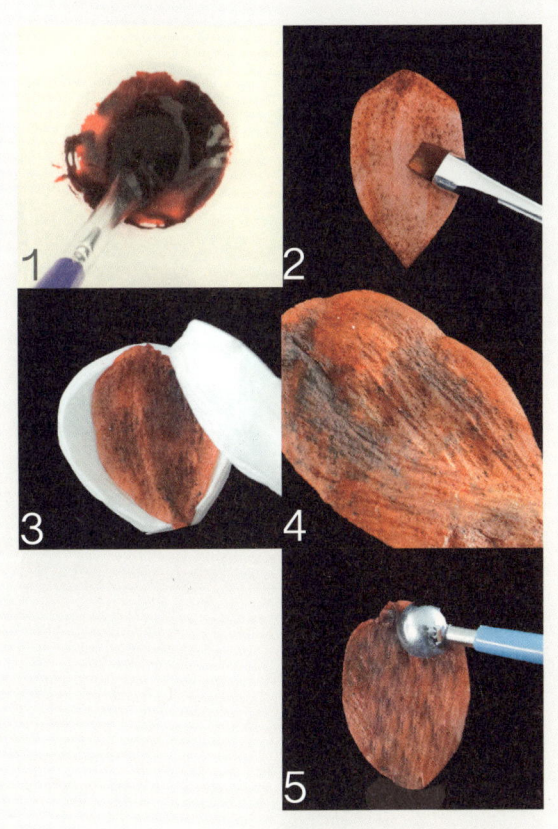

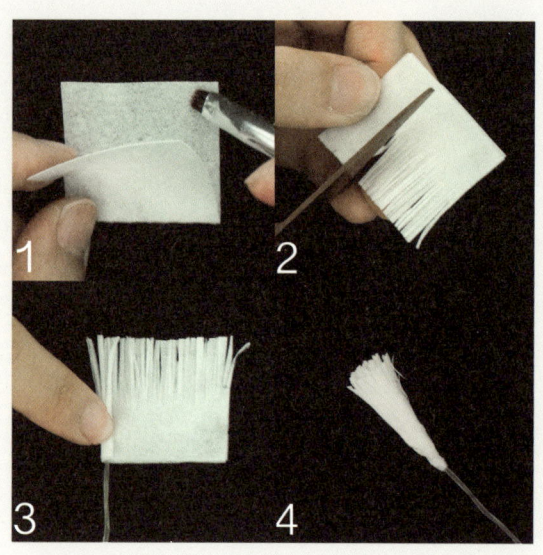

수술

1. 도안 A를 반으로 접는다.

2. 0.1~0.2cm 두께로 얇게 가위질한다.

3. 가위질한 웨이퍼 페이퍼 끝에 당면을 올린 뒤 돌돌 말아 준다.

4. 모두 말고 난 뒤 끝부분에 보드카를 살짝 칠해 붙인다.

꽃피우기

1. 수술을 중심으로 꽃잎을 감싸듯이 붙인다.

2. 두 번째 꽃잎을 포개어 붙인다.

3. 나머지 꽃잎을 포개어 붙인다.

나뭇잎

1. 월튼 모스 그린 & 월튼 로즈 색소에 보드카를 적당량 섞는다.

2. 도안 C를 넓은 붓으로 채색한다.

3. 채색한 나뭇잎을 동백꽃 줄기에 붙인다.

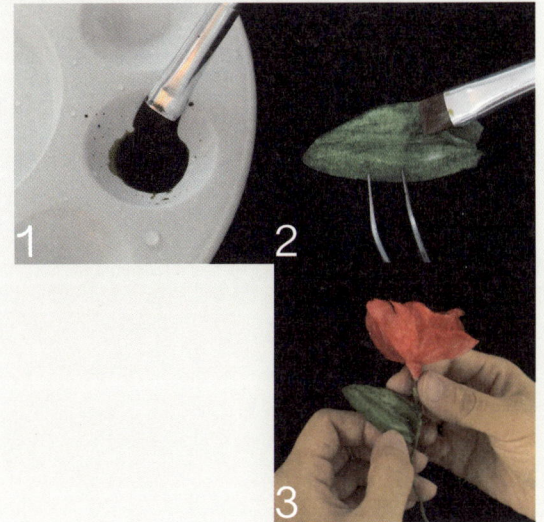

다듬기

1. 월튼 골든 옐로우 색소에 보드카를 적당량 섞는다.

2. 붓으로 수술을 채색한다.

3. 꽃잎과 같은 색상으로 꽃잎의 테두리를 덧칠한다.

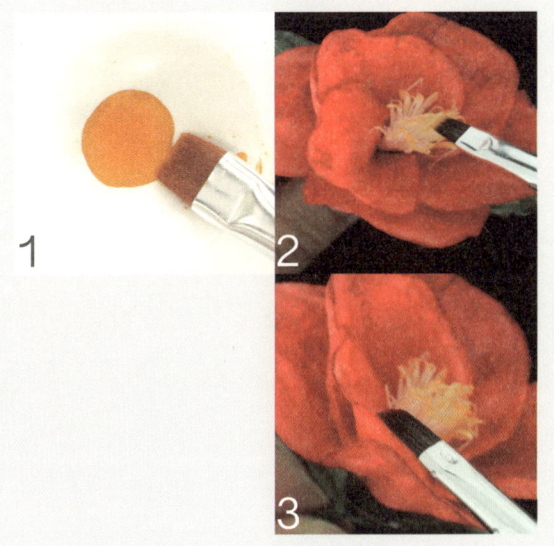

Ranunculus

라 넌 큘 러 스

도안 | p.196

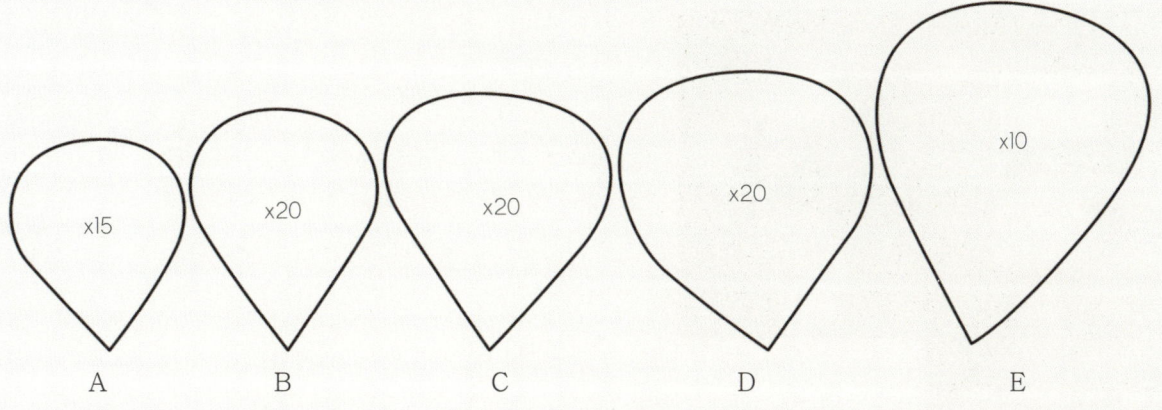

A B C D E
x15 x20 x20 x20 x10

꽃잎 준비

1. 윌튼 모스 그린 색소에 보드카를 적당량 섞는다.

2. 도안 A를 넓은 붓으로 채색한다.

3. 윌튼 로즈 색소에 보드카를 적당량 섞는다.

4. 넓은 붓으로 나머지 꽃잎을 모두 채색한다.

5. 채색한 꽃잎을 베이너로 눌러 잎맥을 만든다.

6. 쇼트닝을 바른 볼툴로 꽃잎의 중간 부분과 끝부분을 문지른다.

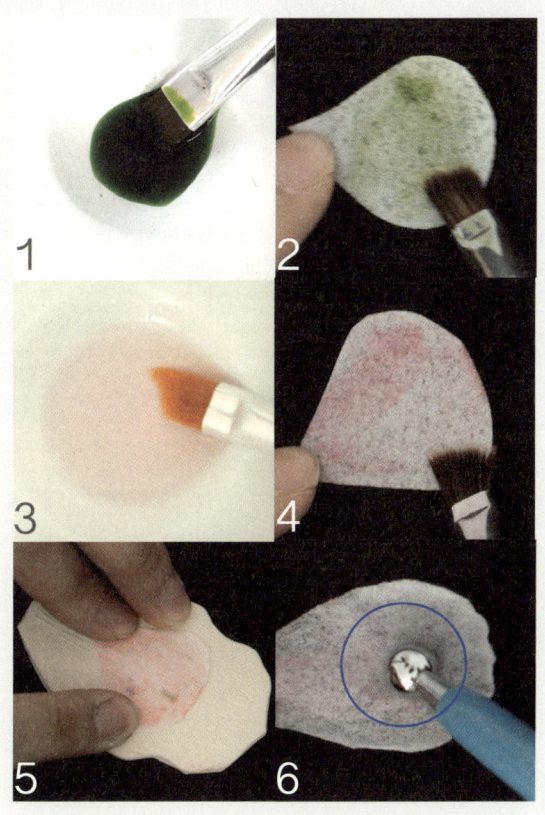

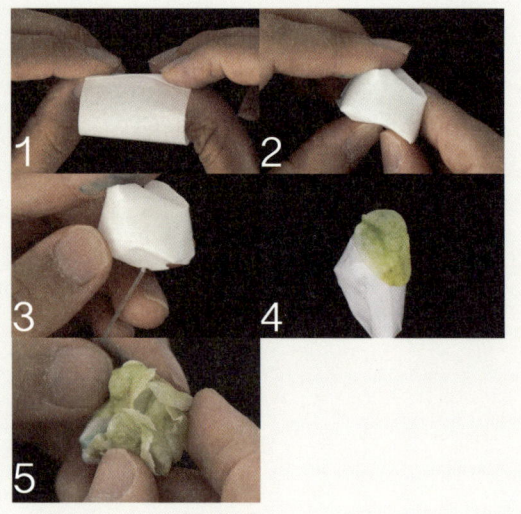

기둥 & 속잎

1. 웨이퍼 페이퍼를 직사각형으로 자른 뒤 끝부분을 말아 원기둥 형태로 붙인다.

2. 원기둥에 손을 넣어 윗부분을 접어 붙인다.

3. 아랫부분에 당면을 넣고 웨이퍼 페이퍼를 당면 쪽으로 모은 뒤 보드카를 이용해 붙인다.

4. 도안 A를 기둥 위에 감싸듯 붙인다.

5. 15장을 모두 포개듯이 겹쳐 붙인다.

겉잎 피우기

1. 겉잎을 속잎보다 조금 더 높게, 감싸는 형태로 크기가 작은 꽃잎부터 붙인다.

2. 꽃잎들을 반씩 겹쳐 가며 붙인다.

3. 속잎을 중심으로 반시계 방향으로 한 바퀴 둘러 붙인다.

4. 첫 번째 붙인 꽃잎보다 조금 더 높게, 안쪽으로 감싸듯 붙인다.

5. 꽃잎을 반시계 방향으로 연속해서 포개듯이 붙인다.

6. 마지막 꽃잎은 완전히 펼쳐서 붙인다.

줄기

1. 윌튼 모스 그린 색소에 보드카를 적당량 섞어 채색한 웨이퍼 페이퍼를 줄기 길이만큼 자른 뒤, 당면을 감싼다.

2. 보드카를 덧칠하며 단단하게 말아 줄기를 만든다.

다듬기

윌튼 핑크 색소로 꽃잎의 테두리 부분을 채색해 마무리한다.

Lilac
라일락

도안 | p.196

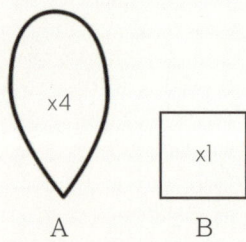

A   B

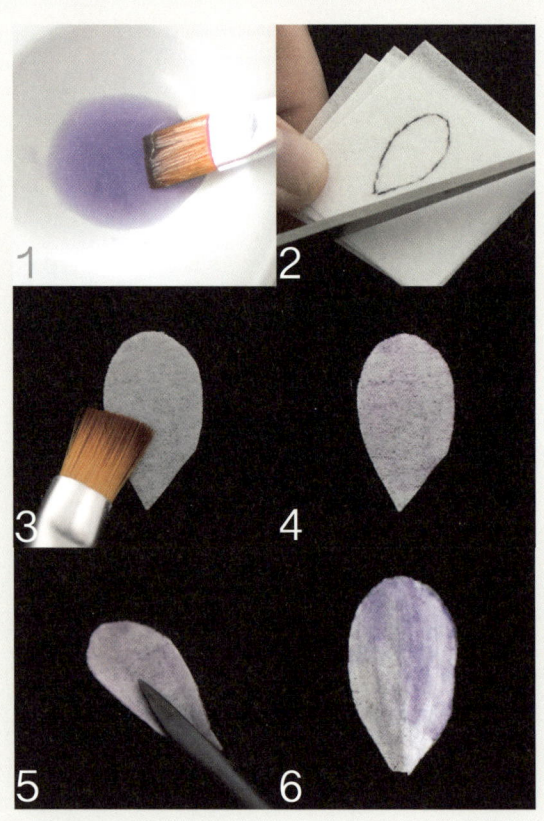

꽃잎 준비

1. 윌튼 바이올렛 색소에 보드카를 적당량 섞는다.

2. 도안 A를 재단한다.

3. 꽃잎의 앞면을 채색한 뒤 말린다.

4. 뒷면에도 마저 채색한다.

5. 베이닝 툴을 이용해 잎맥을 만든다.

6. 꽃잎 완성

수술

1. 윌튼 바이올렛 색소에 보드카를 진하게 섞는다.

2. 도안 B를 재단한다.

3. 보드카를 넉넉히 적신다.

4. 붓이나 손끝을 이용해 둥글린다.

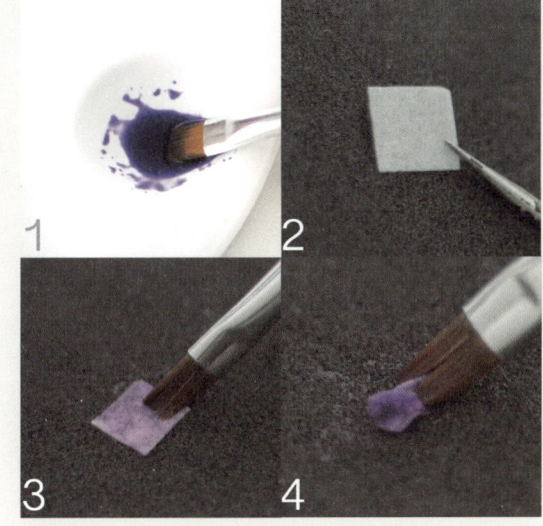

꽃피우기

1. 잎맥을 낸 꽃잎 네 장을 준비한다.

2. 꽃잎의 뾰족한 부분에 보드카를 칠한 뒤 네 장을 모두 붙인다.

3. 합쳐진 꽃의 중앙에 보드카를 살짝 칠한다.

4. 핀셋을 이용해 수술을 붙인다.

Peaonia

모란

도안 | p.197

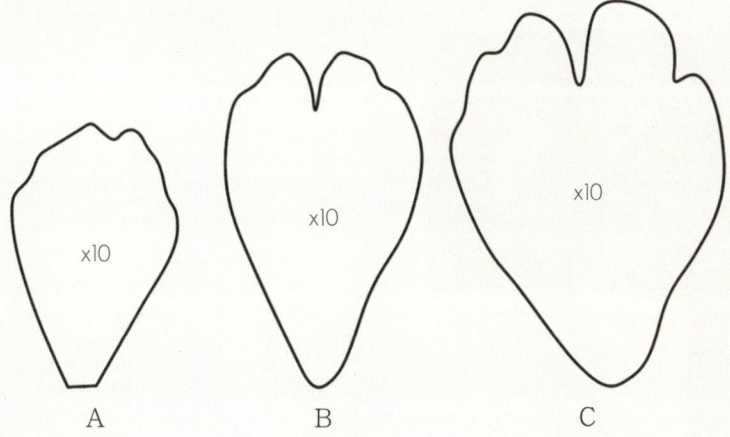

A   B   C

꽃잎 (1)

1. 도안 A, B, C를 재단한다.

2. 윌튼 버건디 색소에 보드카를 적당량 섞는다.

3. 도안 A를 넓은 붓으로 세로 결을 만들며 채색한다.

4. 손의 움푹한 곳에 올려놓고 손가락으로 눌러 오목한 모양을 만든다.

5. 꽃잎 (1) 완성

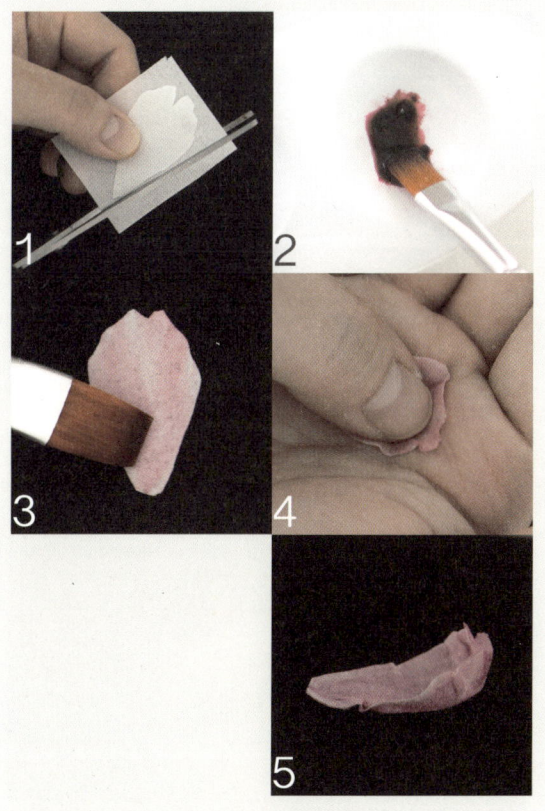

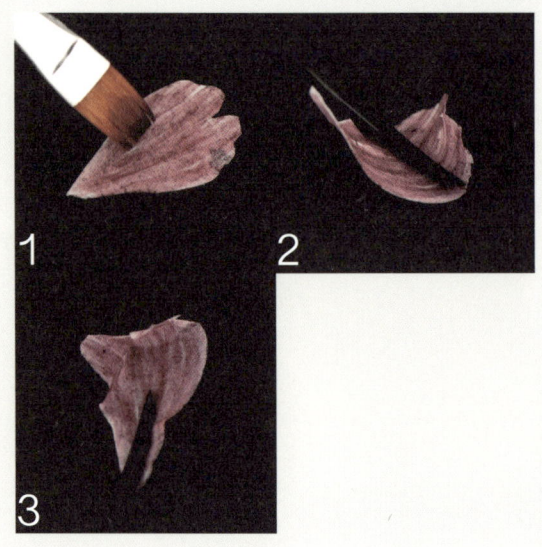

꽃잎 (2)

1. 도안 B, C를 A와 같은 방법으로 세로 결을 만들며 채색한다.

2. 베이닝 툴을 이용해 위아래로 문지른다.

3. 베이닝 툴로 가운데를 눌러 잎맥을 만든다.

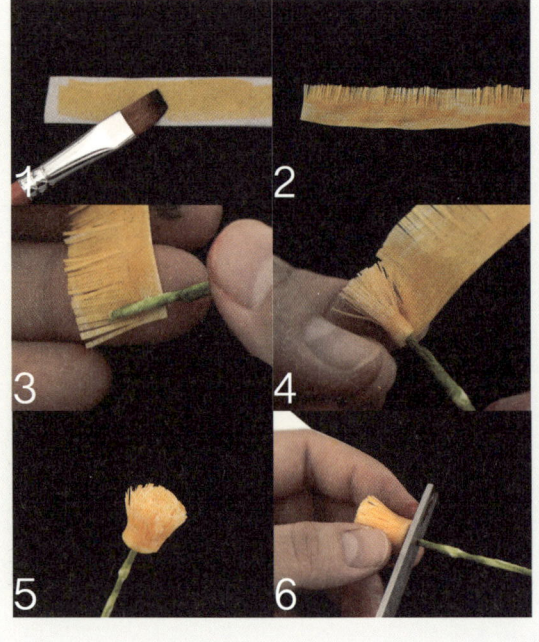

수술

1. 윌튼 골든 옐로우 색소에 보드카를 적당량 섞은 뒤, 2cm×30cm로 재단한 웨이퍼 페이퍼에 채색하고 말린다.

2. 중간 부분까지 가늘게 자른다.

3. 자르지 않은 부분에 보드카를 칠한 뒤 줄기를 올린다.

4. 줄기를 중심으로 돌돌 말아 준다.

5. 수술 완성

6. 남은 줄기는 잘라낸다.

꽃피우기

1. 도안 C의 끝부분에 보드카를 칠한 뒤 두 장을 포개어 붙인다.

2. 다섯 장을 균형 있게 붙인다.

3. 그 위에 다시 다섯 장의 꽃잎을 균형 있게 붙인다.

4. 도안 B의 꽃잎을 붙이며 소복하게 쌓는다.

5. 크기가 가장 작은 도안 A의 꽃잎을 마지막에 붙인다.

완성하기

1. 수술의 밑부분에 보드카를 넉넉히 적신다.

2. 핀셋을 이용해 꽃잎의 중심부에 눌러 붙인다.

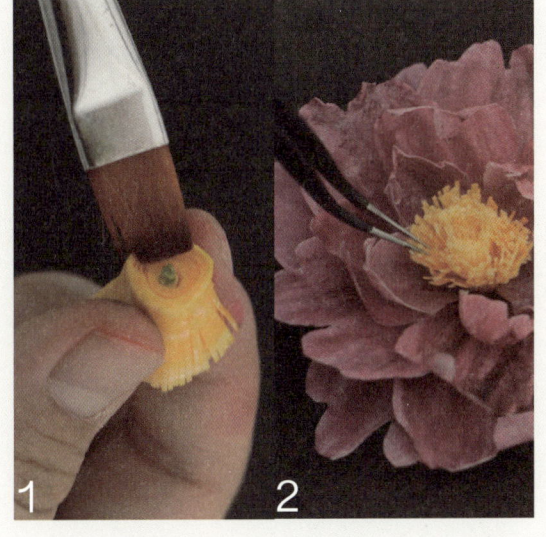

Rose of sharon

무궁화

도안 | p.197

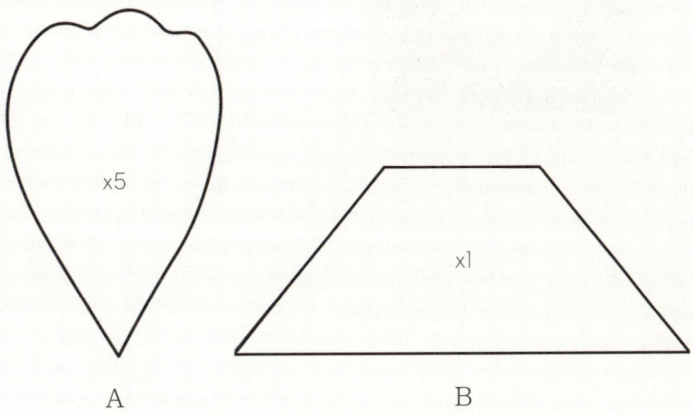

A   B

(A: x5, B: x1)

꽃잎 (1)

1. 셰프마스터 로즈 핑크 색소에 보드카를 적당량 섞는다.

2. 도안 A를 넓은 붓으로 채색한다.

3. 베이너 위에 꽃잎을 올리고 눌렀다 뗀다.

4. 꽃잎 (1) 완성

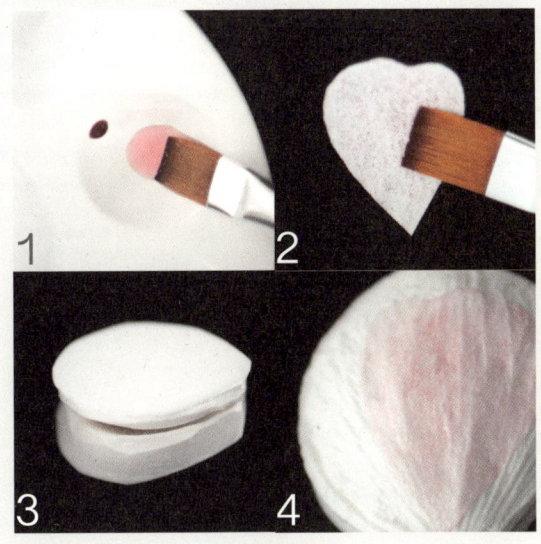

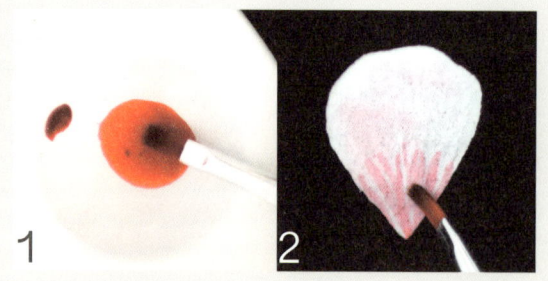

꽃잎 (2)

1. 셰프마스터 로즈 핑크 색소에 보드카를 진하게 섞는다.

2. 둥근붓을 이용해 잎맥을 표현한다.

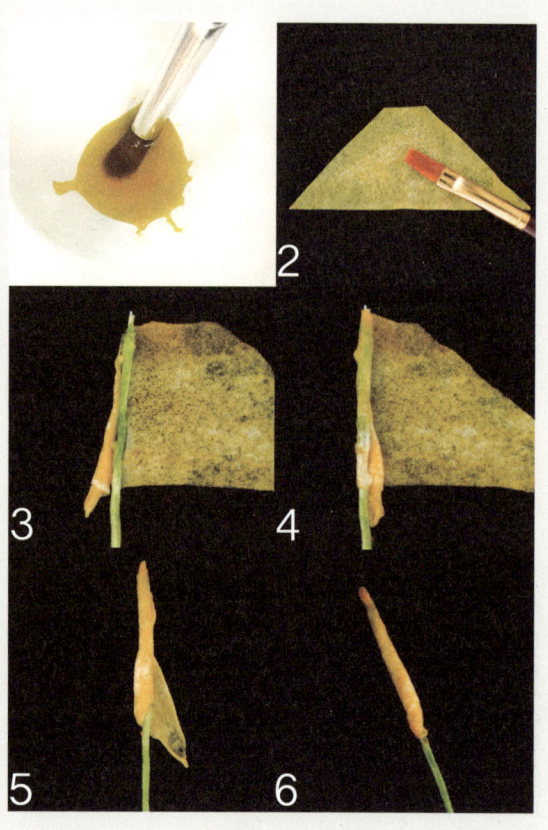

수술 (1)

1. 윌튼 골든 옐로우 색소에 보드카를 적당량 섞는다.

2. 도안 B에 보드카를 넉넉히 적신다.

3. 줄기를 가운데 부분에 올리고 왼쪽부터 말아 준다.

4. 왼쪽부터 말린 수술과 줄기가 만나는 지점부터 함께 말아 준다.

5. 끝까지 말아 마무리한다.

6. 수술 (1) 완성

수술 (2)

1. 자투리에 윌튼 골든 옐로우 색소와 섞은 보드카를 넉넉히 적신다.

2. 붓이나 손끝을 이용해 둥글린다.

3. 핀셋을 이용해 수술 (1)에 자유롭게 붙인다.

4. 원하는 길이만큼 가위로 정리한다.

5. 수술 (2) 완성

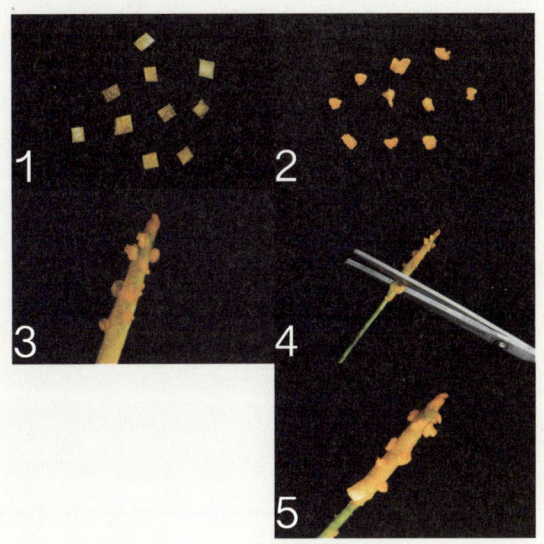

꽃피우기

1. 꽃잎의 끝부분에 보드카를 칠한다.

2. 줄기를 중심으로 꽃잎을 붙인다.

3. 다섯 장을 차례대로 붙인다.

4. 무궁화 완성

Zinnia

백일홍

도안 | p.197

A

B

꽃잎 준비

1. 윌튼 오렌지 색소에 보드카를 적당량 섞는다.

2. 도안 A를 채색한다.

3. 볼툴로 문질러 구부린다.

4. 베이닝 툴의 넓은 쪽으로 눌러 오목하게 만든다.

5. 베이닝 툴의 좁은 쪽으로 눌러 깊은 홈을 만든다.

6. 꽃잎의 좁은 부분은 접고 넓은 부분은 뒤로 말아 준다.

7. 꽃잎 완성

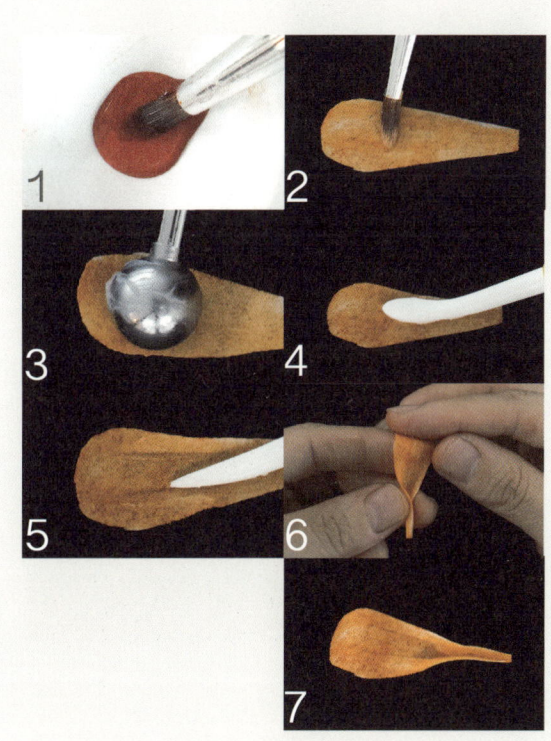

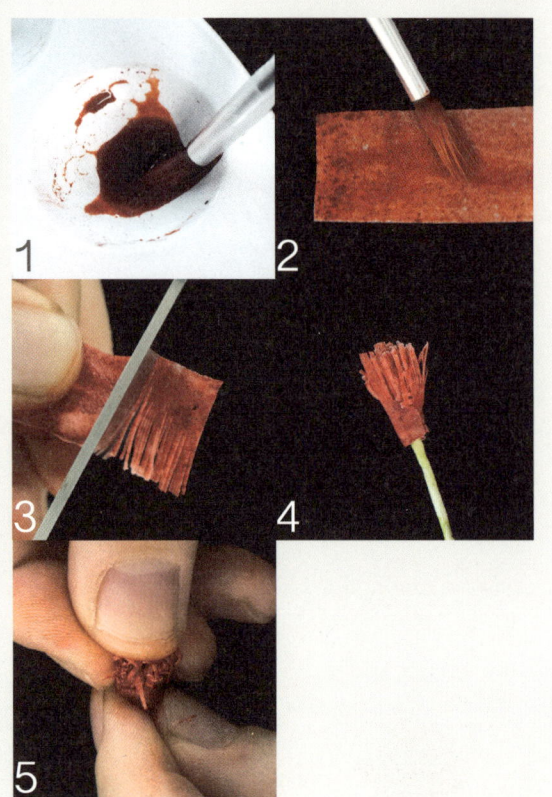

수술 (1)

1. 셰프마스터 슈퍼 레드 색소에 보드카를 적당량 섞는다.

2. 웨이퍼 페이퍼를 1.5cm×8cm로 재단한 뒤 채색한다.

3. 한쪽 면을 가위로 가늘게 자른다.

4. 줄기를 붙인 뒤 말아 준다.

5. 손으로 꾹 눌러 납작하게 만든다.

수술 (2)

1. 윌튼 레몬 옐로우 색소에 보드카를 적당량 섞는다.

2. 도안 B를 채색한다.

꽃피우기

1. 웨이퍼 페이퍼를 동그랗게 재단하고, 가위를 이용해 중심부까지 자른다.

2. 동그랗게 말아 붙인다.

3. 꽃잎과 같은 색상으로 채색한다.

4. 꽃잎을 세워서 붙인다.

5. 90도 각도가 되도록 꽃잎을 하나 더 붙인다.

6. 두 꽃잎의 중앙에 오도록 다시 꽃잎을 붙인다.

7. 세 장의 사이에 맞추어 두 장의 꽃잎을 붙인다.

8. 같은 방법으로 나머지 꽃잎을 모두 붙인다.

9. 가운데 구멍을 뚫고 수술 (1)을 끼운다.

10. 수술 (2)에 보드카를 적셔 붙인다.

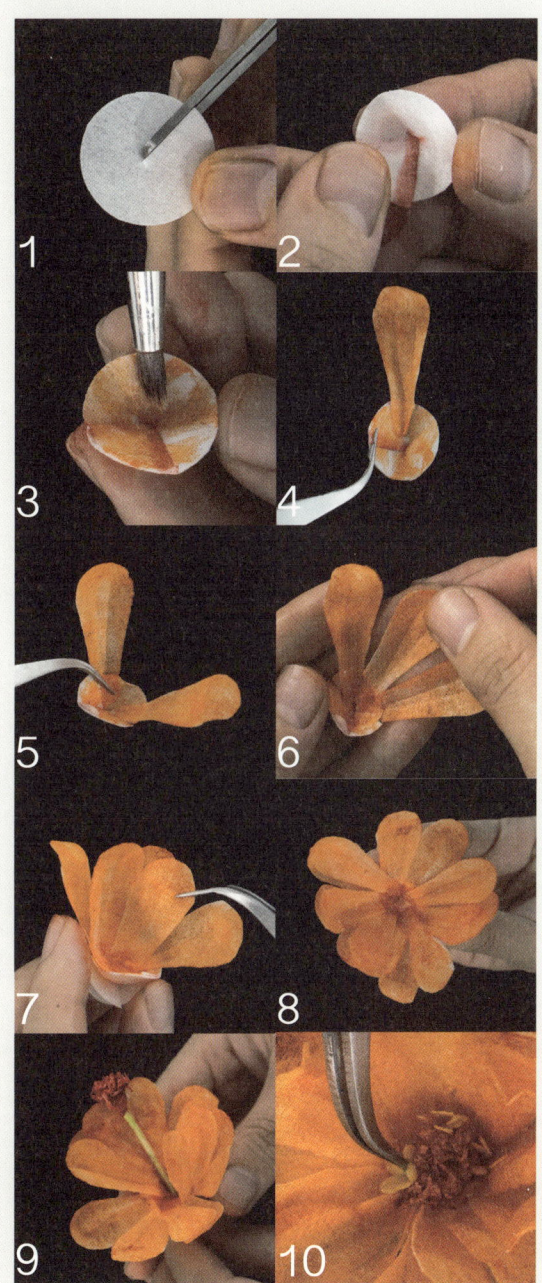

Lily

백합

도안 | p.198

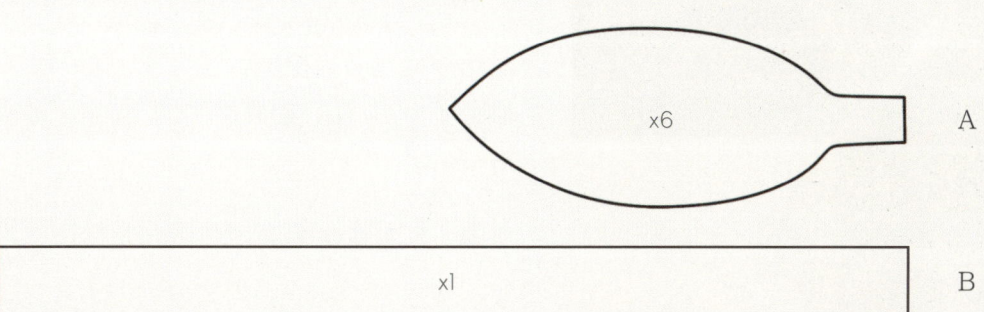

꽃잎 준비

1. 도안 A를 재단한다.
2. 꽃잎의 뒷면에 보드카를 칠한다.
3. 베이닝 툴을 이용해 잎맥을 만든다.
4. 꽃잎 끝부분을 베이닝 툴로 둥글게 말아 준다.

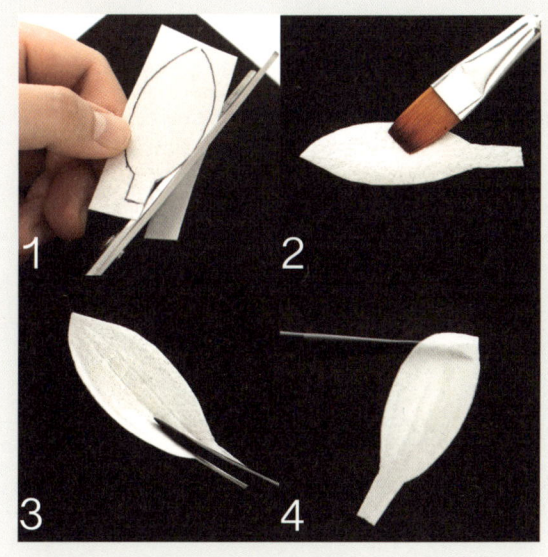

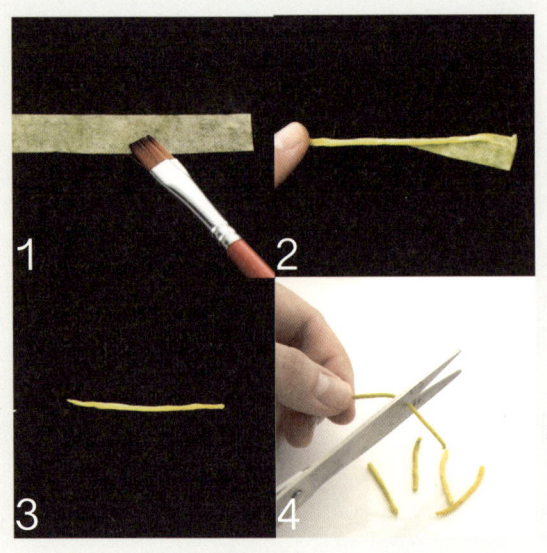

수술 (1)

1. 도안 B에 셰프마스터 네온 브라이트 그린 색소를 채색한다.

2. 보드카를 넉넉히 적신 뒤 길게 말아 준다.

3. 완전히 건조될 때까지 말린다.

4. 적당한 길이로 6개를 자른다.

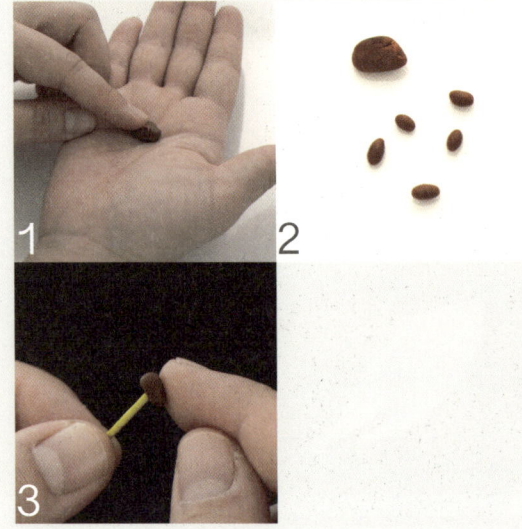

수술 (2)

1. 윌튼 브라운 색소로 조색한 슈거 반죽을 준비한다.

2. 일정한 크기로 조금씩 떼어 타원형으로 여섯 개 둥글린다.

3. 수술 (1)의 끝부분에 슈거 반죽을 꽂는다.

꽃피우기

1. 꽃잎의 끝부분에 보드카를 칠한다.
2. 줄기에 붙인다.
3. 세 장을 120도씩 나누어 붙인다.
4. 붙인 꽃잎 사이사이에 나머지 세 장도 붙인다.
5. 핀셋을 이용해 꽃잎의 중심부에 수술을 눌러 붙인다.

Cherry blossoms

벚
꽃

도안 | p.197

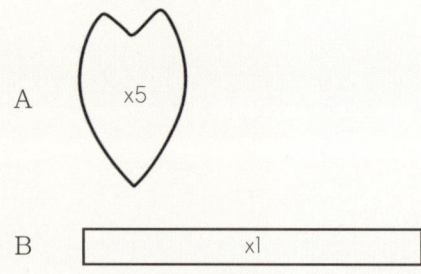

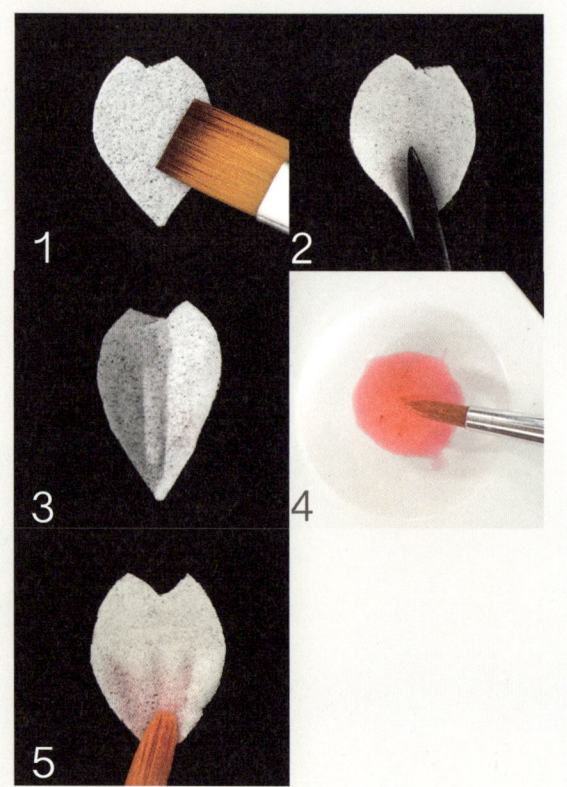

꽃잎 준비

1. 도안 A의 뒷면에 보드카를 칠한다.

2. 베이닝 툴을 이용해 위에서 아래로 문지른다.

3. 잎맥 완성

4. 셰프마스터 로즈 핑크 색소에 보드카를 적당량 섞는다.

5. 둥근붓을 이용해 끝부분을 채색한다.

수술

1. 도안 B에 보드카를 넉넉히 적신다.

2. 붓이나 손끝을 이용해 길게 말아 준다.

3. 완전히 건조될 때까지 한 시간 정도 말린다.

4. 적당한 크기로 5개를 자른다.

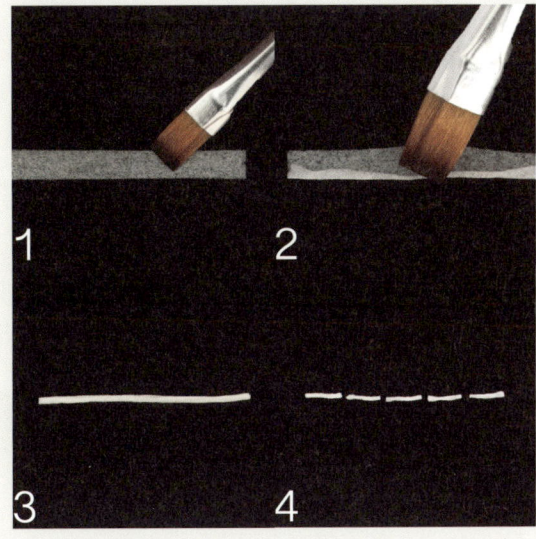

꽃피우기

1. 꽃잎의 끝부분에 보드카를 칠한다.

2. 다섯 장을 차례대로 붙인다.

3. 수술의 끝부분을 보드카에 적신다.

4. 핀셋을 이용해 수술을 눌러 붙인다.

5. 수술 끝부분에 검은 색소를 칠한다.

Viola

비올라

도안 | p.198

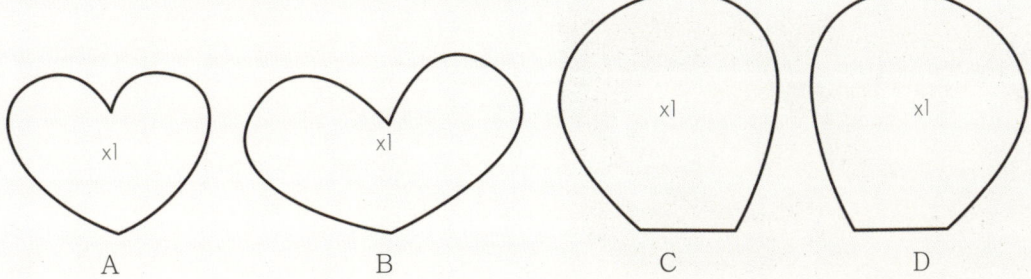

꽃잎 (1)

1. 윌튼 바이올렛 색소에 보드카를 적당량 섞는다.

2. 넓은 붓으로 채색한다.

3. 채색한 꽃잎을 베이너로 눌러 잎맥을 만든다.

4. 잎맥 완성

5. 베이닝 툴로 꽃잎의 테두리를 따라 눌러 준다.

6. 쇼트닝을 바른 볼툴로 꽃잎을 문지른다.

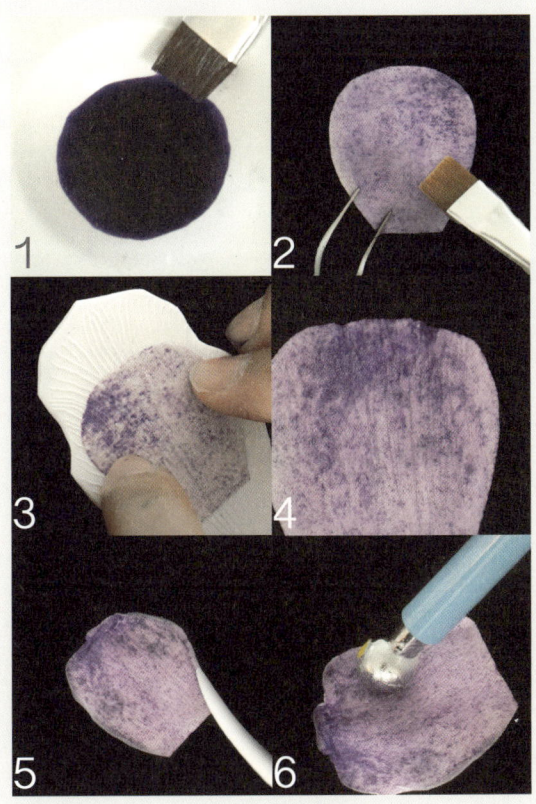

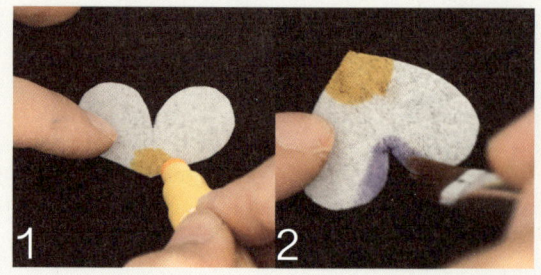

꽃잎 (2)

1. 윌튼 골든 옐로우 색소에 보드카를 적당량 섞은 뒤, 꽃잎의 뾰족한 끝부분을 채색한다.

2. 윌튼 바이올렛 색소에 보드카를 적당량 섞은 뒤, 하트 모양으로 마주 보는 면의 끝부분을 채색한다.

꽃피우기 (1)

1. 속잎 두 장을 노란색으로 채색된 부분끼리 연결해 붙인다.

2. 윌튼 바이올렛 색소에 보드카를 적당량 섞은 뒤, 세필붓을 이용해 속잎 중앙에 얇은 선을 그린다.

3. 검은색 식용 펜으로 얇은 선을 그려서 마무리한다.

(식용 펜이 없을 경우 나무 꼬치에 색소를 찍어서 사용)

꽃피우기 (2)

1. 웨이퍼 페이퍼를 속잎 크기에 맞게 자른다.

2. 속잎의 윗부분 모양에 맞게 재단한 뒤, 뒷면에 보드카를 칠해 붙인다.

3. 겉잎 끝부분에 보드카를 살짝 칠한다.

4. 속잎 윗부분의 끝에 맞춰 겉잎을 붙인다.

5. 반대편 겉잎도 붙인 뒤 손으로 지그시 누른다.

6. 비올라 완성

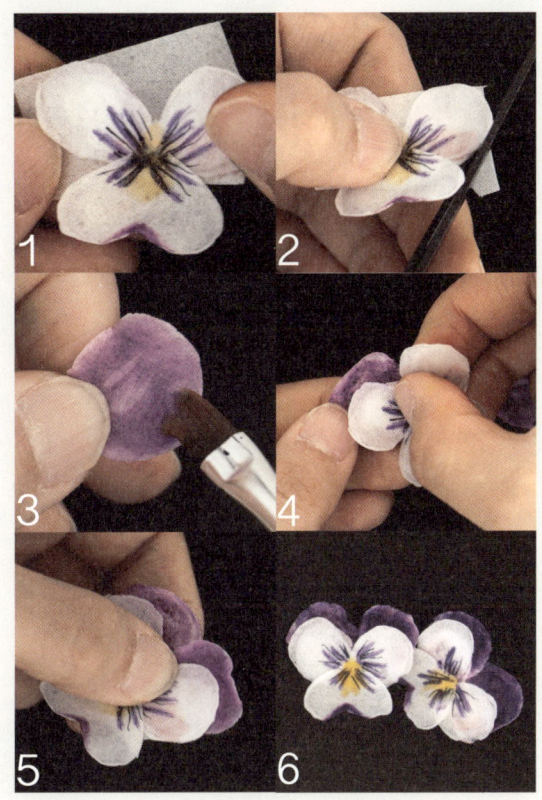

Hydrangea

수국

도안 | p.198

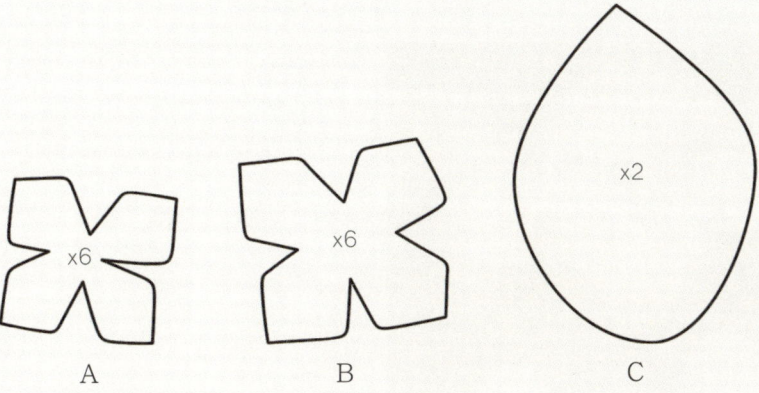

꽃잎 준비

1. 윌튼 로얄 블루 색소에 보드카를 적당량 섞는다.

2. 도안 A와 B를 채색한다.

3. 윌튼 바이올렛 색소에 보드카를 적당량 섞는다.

4. 채색한 꽃잎이 살짝 마르면 바이올렛 색소를 덧칠해 그라데이션 효과를 낸다.

5. 채색한 꽃잎을 베이너로 눌러 잎맥을 만든다.

6. 쇼트닝을 바른 볼툴로 꽃잎의 중앙 부분을 문지른다.

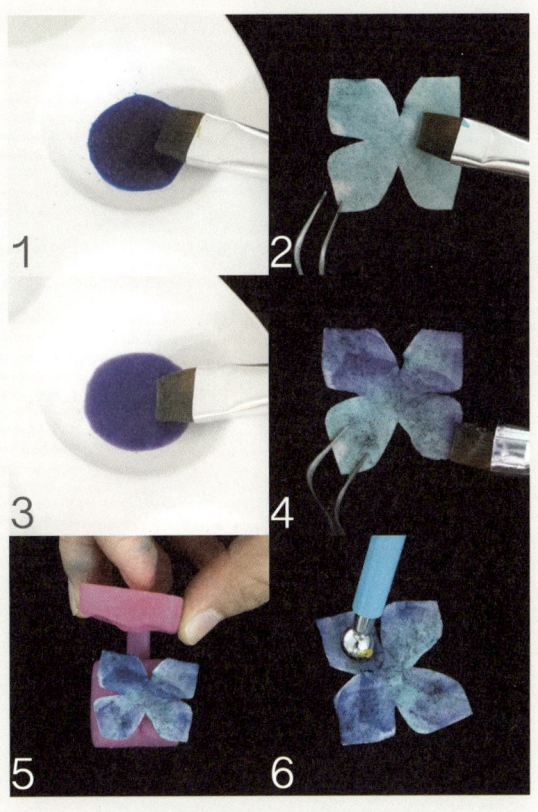

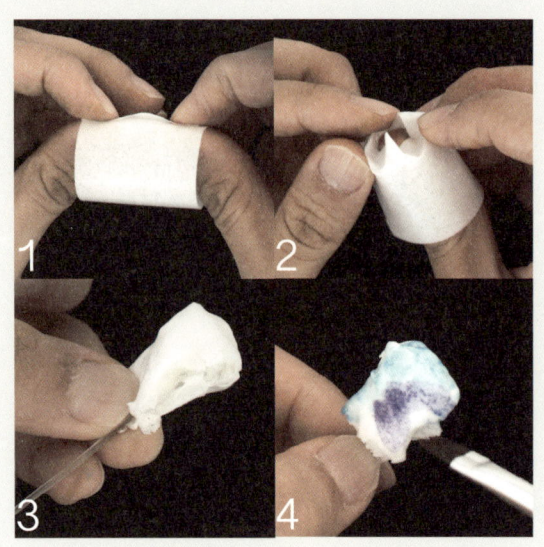

기둥

1. 웨이퍼 페이퍼를 직사각형으로 자른 뒤 끝부분을 말아 원기둥 형태로 붙인다.

2. 원기둥에 손을 넣어 윗부분을 접어 붙인다.

3. 아랫부분에 당면을 넣고 웨이퍼 페이퍼를 당면 쪽으로 모은 뒤, 보드카를 이용해 붙인다.

4. 꽃잎과 같은 색상으로 채색한다.

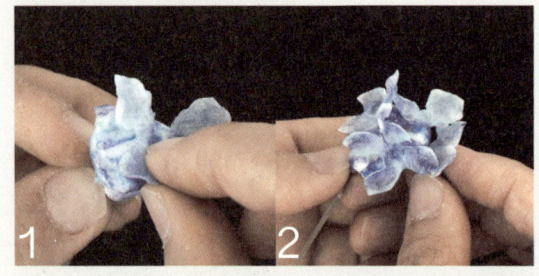

꽃피우기

1. 채색한 기둥 위에 꽃잎을 붙인다.

2. 꽃잎의 방향을 다양하게 붙여 입체감을 준다.

줄기

1. 윌튼 모스 그린 색소에 보드카를 적당량 섞은 뒤, 줄기 길이만큼 자른 웨이퍼 페이퍼를 채색한다.

2. 당면을 감싼 웨이퍼 페이퍼에 보드카를 덧칠하며 돌돌 말아 줄기를 완성한다.

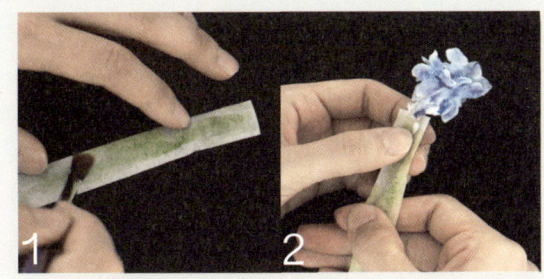

나뭇잎

1. 윌튼 모스 그린 색소에 보드카를 적당량 섞어 도안 C를 채색한다.

2. 베이너 위에 나뭇잎을 올리고 눌렀다 뗀다.

3. 나뭇잎 끝에 보드카를 살짝 칠한 뒤 줄기에 붙인다.

Daffodil

수 선 화

도안 | p.198

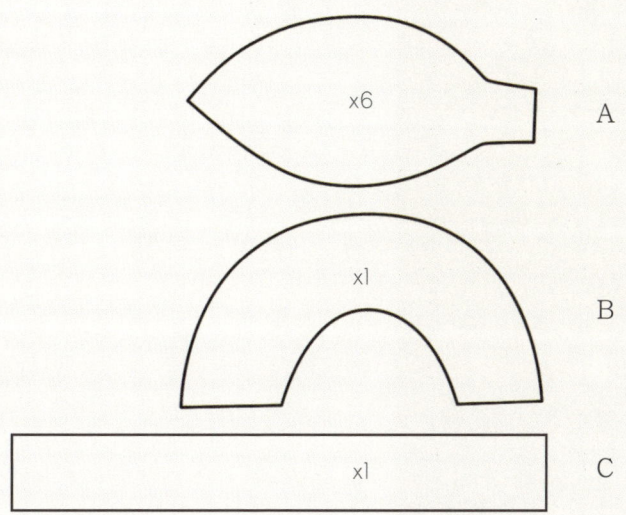

꽃잎 준비

1. 도안 A에 보드카를 칠한다.
2. 베이닝 툴을 이용해 잎맥을 만든다.
3. 꽃잎 완성

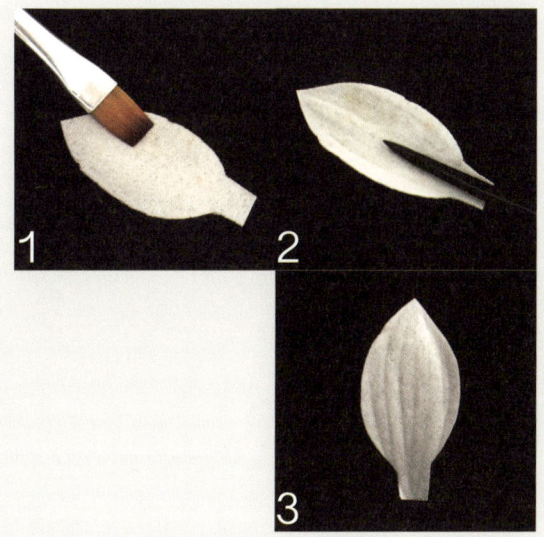

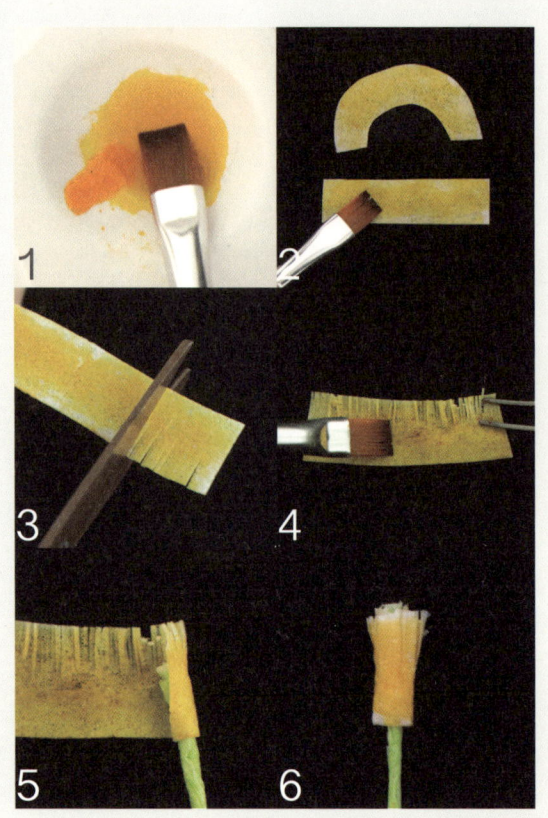

수술 (1)

1. 윌튼 골든 옐로우 색소에 보드카를 적당량 섞는다.

2. 도안 B와 C를 넓은 붓을 이용해 채색한 뒤 말린다.

3. B를 중간 부분까지 가늘게 자른다.

4. B의 자르지 않고 남겨 둔 부분에 보드카를 칠한다.

5. 줄기를 중심으로 둥글게 말아 준다.

6. 수술 (1) 완성

수술 (2)

1. 도안 C에 보드카를 칠한 뒤, 줄기를 중심으로 고깔 형태로 말아 준다.

2. 수술 (2) 완성

꽃피우기

1. 꽃잎의 끝부분에 보드카를 칠해 붙인다.

2. 같은 방법으로 세 장을 붙인다.

3. 세 장의 사이사이에 나머지 세 장을 붙인다.

Scabiosa

스카비오사

도안 | p.199

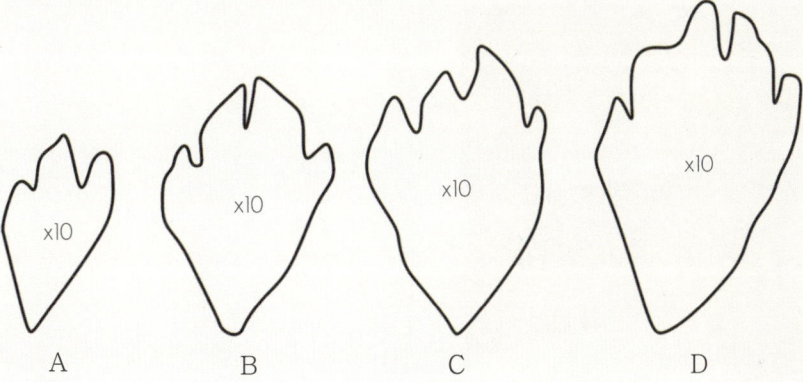

A　　　B　　　C　　　D

꽃잎 준비

1. 윌튼 바이올렛 & 윌튼 로얄 블루 색소에 보드카를 적당량 섞는다.

2. 도안 A, B, C, D를 각각 10장씩 재단한다.

3. 넓은 붓으로 꽃잎을 채색한다.

4. 베이너 위에 꽃잎을 올리고 눌렀다 뗀다.

5. 쇼트닝을 바른 볼툴로 꽃잎을 문지른다.

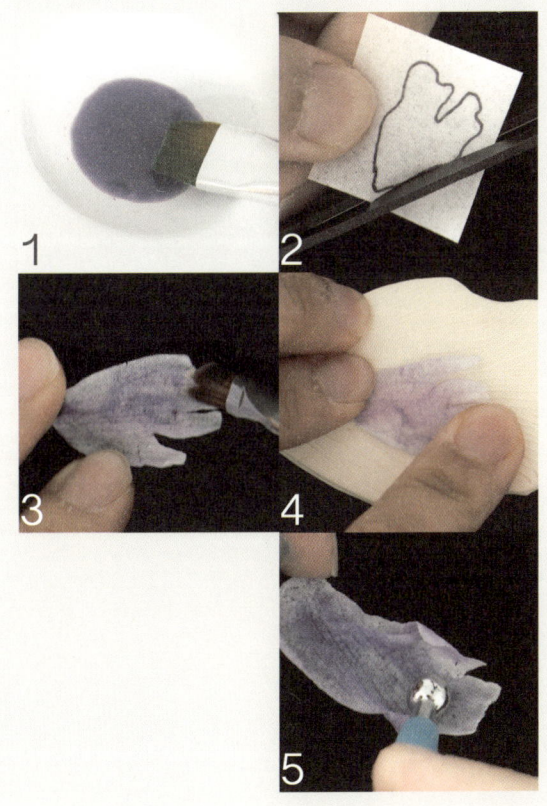

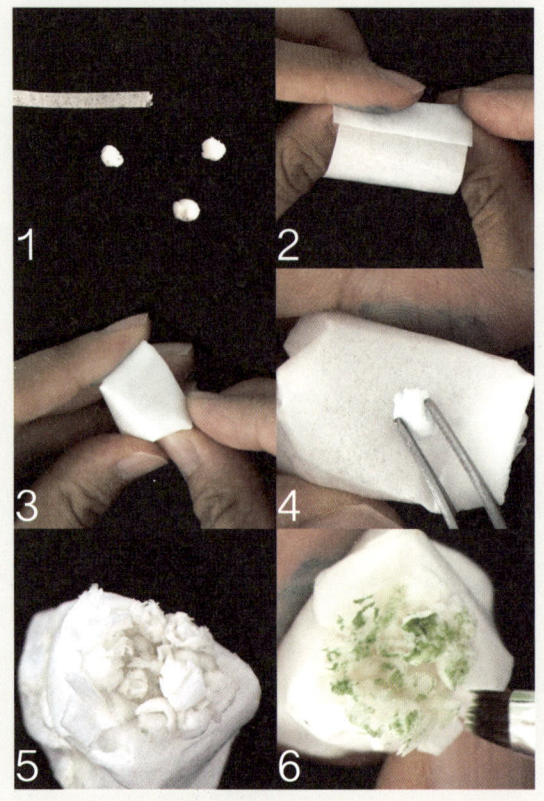

수술

1. 길게 자른 웨이퍼 페이퍼를 손으로 굴려 작은 원을 만든다.

2. 웨이퍼 페이퍼를 직사각형으로 자른 뒤 끝부분을 말아 원기둥 형태로 붙인다.

3. 원기둥에 손을 넣어 윗부분을 접어 붙인다.

4. 기둥의 평평한 부분에 손으로 굴려서 만든 작은 원형 수술을 붙인다.

5. 수술에 입체감을 줄 수 있도록 수술 사이사이를 쌓아서 붙인다.

6. 윌튼 골든 옐로우 & 윌튼 모스 그린 색소에 보드카를 적당량 섞은 뒤, 붓으로 콕콕 찍어서 채색한다.

(색소를 너무 많이 묻히면 웨이퍼 페이퍼가 녹을 수 있으므로 물의 양을 조절해 살짝만 바른다).

꽃피우기

1. 수술을 중심으로 가장 작은 꽃잎을 붙인다.

2. 크기가 작은 꽃잎을 수술을 감싸는 형태로 빙 둘러서 붙인다.

3. 꽃잎의 사이를 메꾸어 주듯이 돌려가며 붙인다.

4. 앞서 붙인 꽃잎보다 조금 더 펼쳐진 형태가 되도록 점점 더 큰 꽃잎 순서로 붙인다.

5. 마지막 꽃잎은 완전히 펼쳐진 모양으로 붙인다.

다듬기

1. 윌튼 바이올렛 & 윌튼 로얄 블루 색소에 보드카를 적당량 섞는다.

2. 꽃잎의 가장자리를 채색한다.

Anemone

아네모네

도안 | p.199

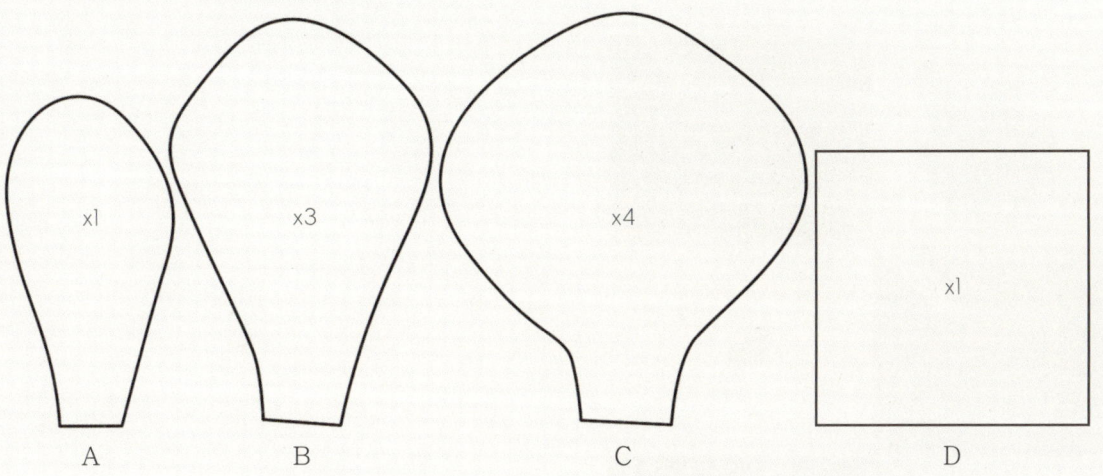

꽃잎 준비

1. 윌튼 스카이 블루 & 윌튼 바이올렛 색소를 혼합한 뒤 보드카를 적당량 섞는다.

2. 도안 A, B, C 모두 세로 결을 만들며 채색한다.

3. 찢어짐을 방지하기 위해 쇼트닝을 바른다.

4. 채색한 꽃잎을 베이너로 눌러 잎맥을 만든다.

5. 도안 B와 C를 베이닝 툴로 눌러 오목하게 만든다.

6. 사진과 같이 중앙 부분이 깊이 패도록 한다.

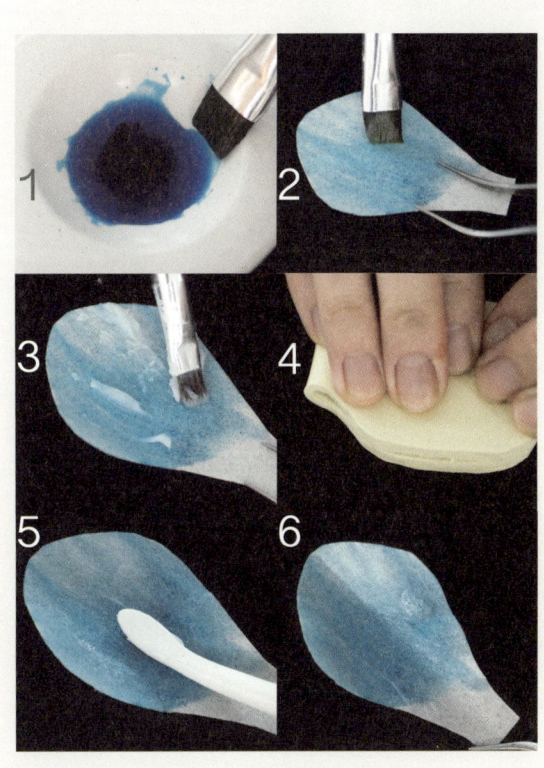

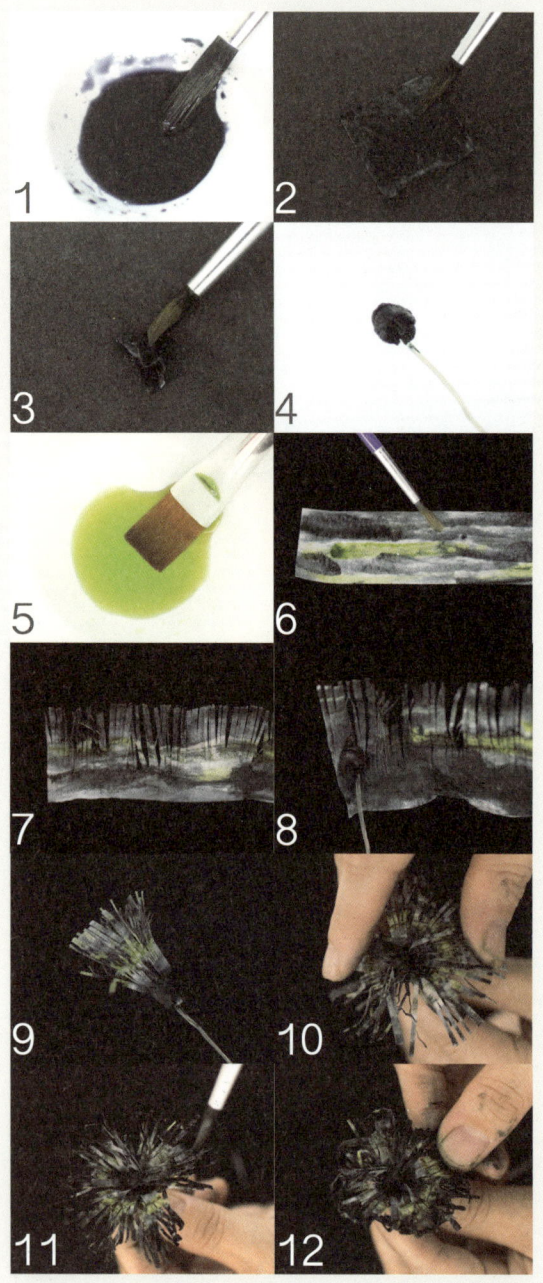

수술

1. 윌튼 블랙 색소에 보드카를 적당량 섞는다.

2. 도안 C에 보드카를 넉넉히 적신다.

3. 붓으로 둥글려 동그랗게 만든다.

4. 당면에 끼워 수술 기둥을 만든다.

5. 셰프마스터 네온 브라이트 그린 색소에 보드카를 적당량 섞는다.

6. 웨이퍼 페이퍼를 15cm x 4cm로 재단하고 색소들로 얼룩덜룩하게 채색한 뒤 건조시킨다.

7. 가위로 한쪽 면만 가늘게 자른다.

8. 재단하지 않은 면에 준비한 수술 기둥을 붙이고 돌돌 말아 준다.

9. 끝까지 말아서 이음새를 깔끔히 붙여 마무리한다.

10. 수술 기둥이 보이도록 손으로 펼친다.

11. 끝부분을 검은색 보드카로 적신다.

12. 적신 부분을 손으로 둥글려 동그랗게 만든다.

꽃피우기

1. 웨이퍼 페이퍼를 동그랗게 재단한 뒤 보드카를 칠한다.

2. 도안 C를 중앙에 맞춰 붙인다.

3. 4장을 균일하게 이어 붙인다.

4. 도안 B에 보드카를 칠하고, 만들던 꽃잎에 이어 붙인다.

5. 도안 A를 균형이 맞도록 붙인다.

6. 중앙에 구멍을 뚫은 다음 준비한 수술을 끼운다.

7. 윌튼 바이올렛 & 윌튼 스카이블루 색소를 혼합한 뒤 보드카를 적당량 섞는다.

8. 꽃잎 가장자리를 채색한다.

Poppy

양귀비

도안 | p.198

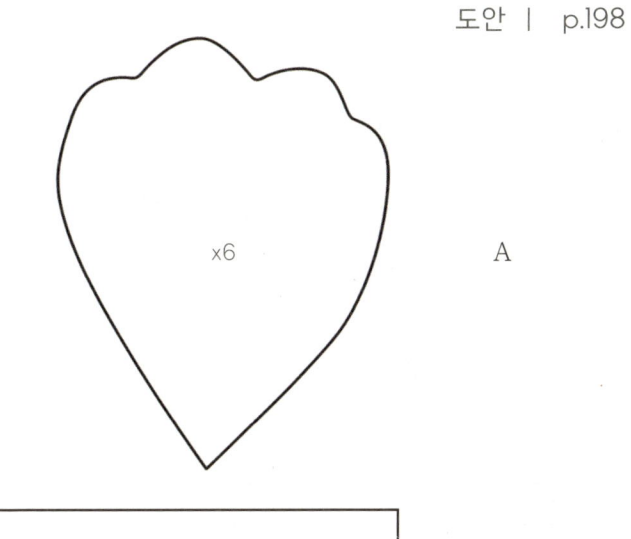

A

x6

B

x1

꽃잎 준비

1. 셰프마스터 슈퍼 레드 색소에 보드카를 적당량 섞는다.

2. 도안 A의 앞/뒷면을 채색한 뒤 말린다.

3. 채색한 꽃잎을 베이너 위에 올려놓는다.

4. 스프레이를 1회 고르게 분사한 뒤 꾹 눌렀다 뗀다.

5. 꽃잎 완성

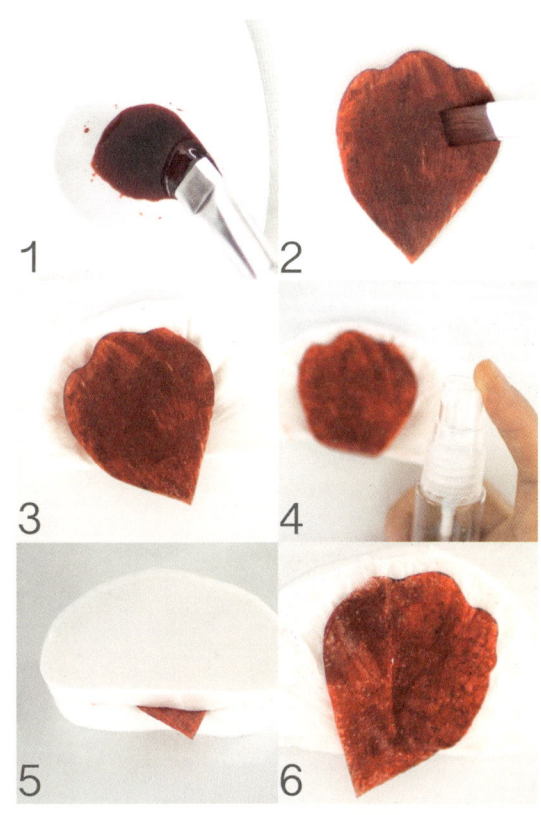

수술 (1)

1. 윌튼 모스 그린 색소로 조색한 슈거 반죽을 준비한다.

2. 작게 뗀 반죽 여러 개를 가늘고 길게 민다.

3. 중심이 될 큰 반죽에 차례대로 붙인다.

4. 수술 (1) 완성

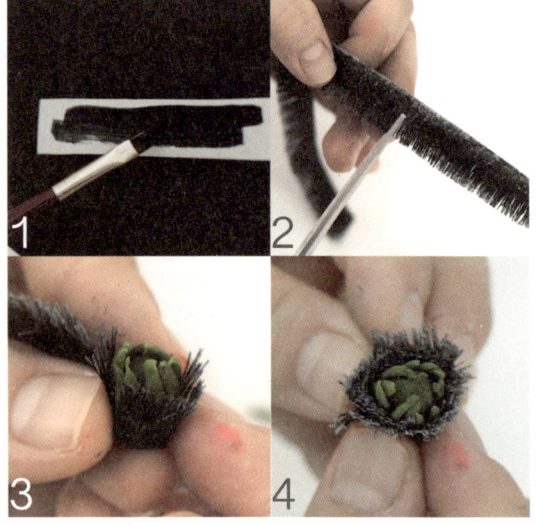

수술 (2)

1. 윌튼 블랙 색소에 보드카를 진하게 섞고, 도안 B를 넓은 붓으로 채색한 뒤 말린다.

2. 중간 부분까지 가늘게 자른다.

3. 자르지 않고 남겨 둔 부분에 보드카를 칠한 뒤 수술 (1)을 중심으로 둥글게 말아 준다.

4. 수술 (2) 완성

꽃피우기

1. 꽃잎의 뾰족한 부분에 보드카를 칠한다.

2. 120도 각도로 두 장을 이어 붙인다.

3. 같은 방법으로 세 장을 붙인다.

4. 나머지 세 장도 마저 붙인다.

5. 꽃잎 완성

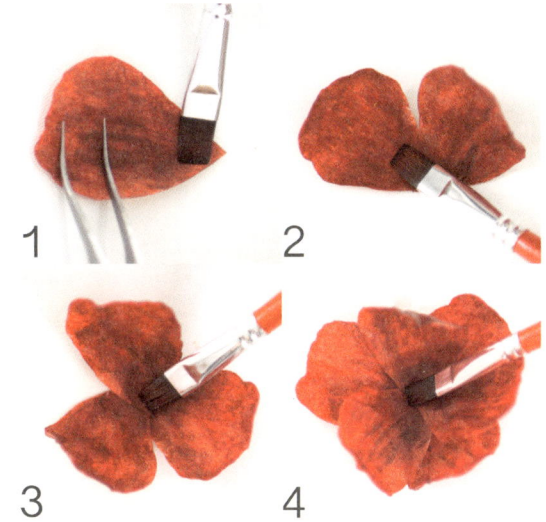

완성하기

1. 수술의 밑부분에 보드카를 넉넉히 적신다.

2. 핀셋을 이용해 꽃잎 중앙에 눌러 붙인다.

Olive Leaf

올리브 잎

도안 | p.199

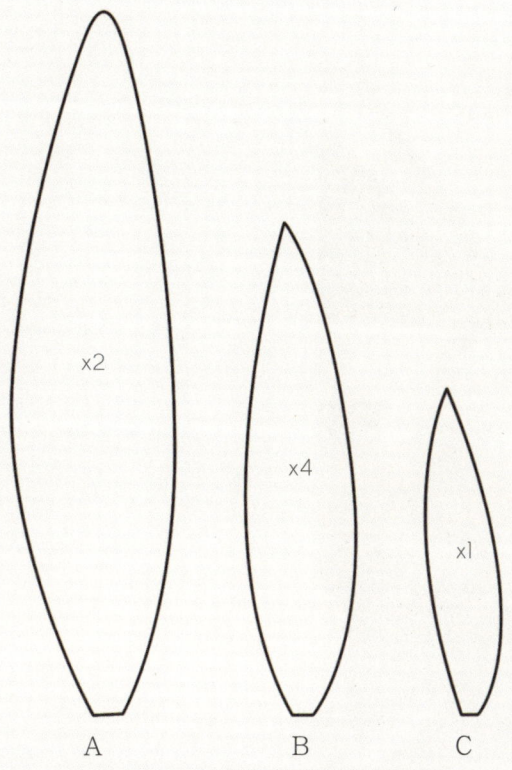

A B C
x2 x4 x1

줄기

1. 웨이퍼 페이퍼를 당면의 길이만큼 자르고 윌튼 모스 그린 & 윌튼 브라운 색소에 보드카를 적당량 섞어 채색한 뒤, 당면을 올린다.

2. 채색한 웨이퍼 페이퍼를 반으로 접어 돌돌 말아 준다.

3. 보드카를 덧칠하며 단단하게 말아 줄기를 만든다.

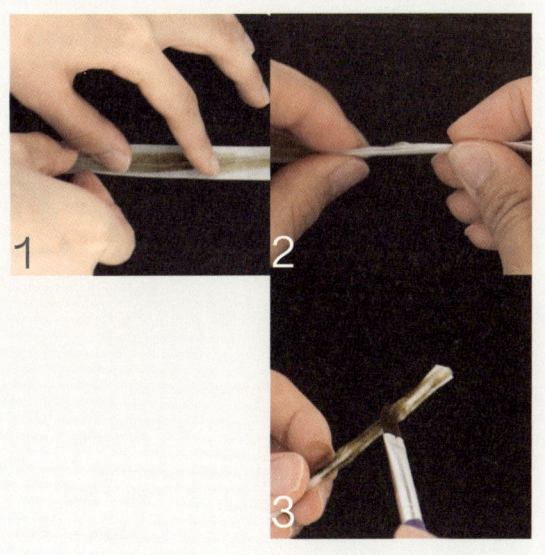

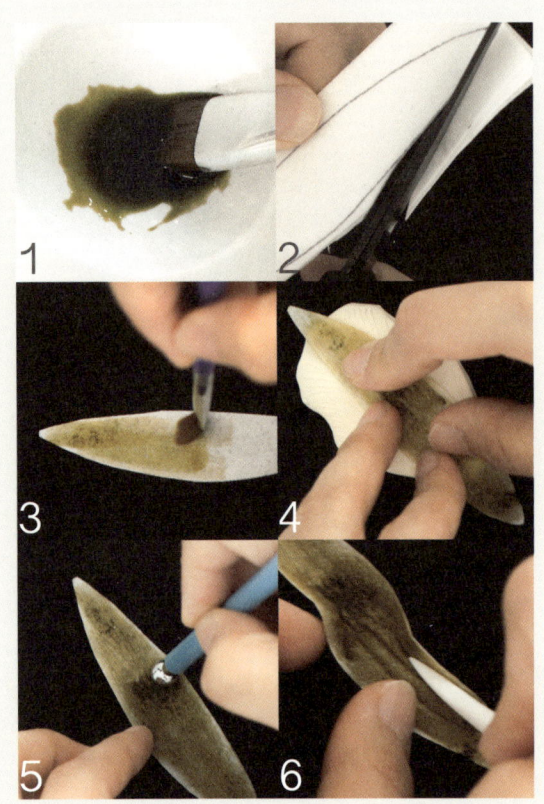

잎 준비

1. 윌튼 모스 그린 & 윌튼 브라운 색소에 보드카를 적당량 섞는다.

2. 도안을 재단한다.

3. 넓은 붓으로 채색한다.

4. 채색한 잎을 베이너로 눌러 잎맥을 만든다.

5. 쇼트닝을 바른 볼툴로 중앙 부분을 문지른다.

6. 베이닝 툴로 잎의 가장자리 부분을 따라서 누른 뒤, 잎의 중앙에 선명하게 잎맥을 그린다.

잎 피우기

1. 도안 C에 보드카를 살짝 칠한다.

2. 줄기를 감싸듯이 붙인다.

3. 도안 B를 서로 교차하듯이 붙인 후 도안 A도 마저 붙인다.

다듬기

가장자리를 색소로 한 번 더 덧칠한다.

Eucalyptus

유칼립투스

도안 | p.199

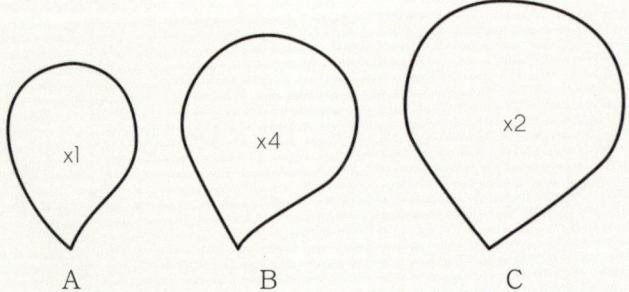

A B C

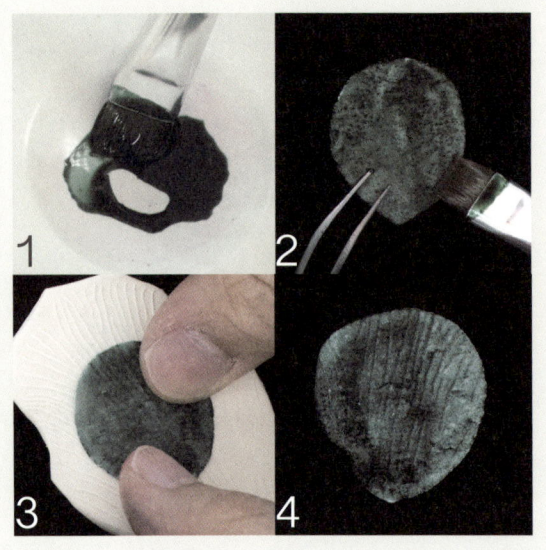

잎 준비

1. 윌튼 켈리 그린 & 윌튼 로즈 & 윌튼 로얄 블루(소량) 색소에 보드카를 적당량 섞는다.

2. 넓은 붓으로 모든 잎을 채색한다.

3. 채색한 꽃잎을 베이너로 눌러 잎맥을 만든다.

4. 잎 완성

수술

1. 웨이퍼 페이퍼를 줄기 길이만큼 자른 뒤 잎과 같은 색상으로 채색한다.

2. 채색한 도안 중간에 당면을 올려 놓는다.

3. 채색한 웨이퍼 페이퍼를 반으로 접는다.

4. 보드카를 덧칠하며 단단하게 말아 줄기를 만든다.

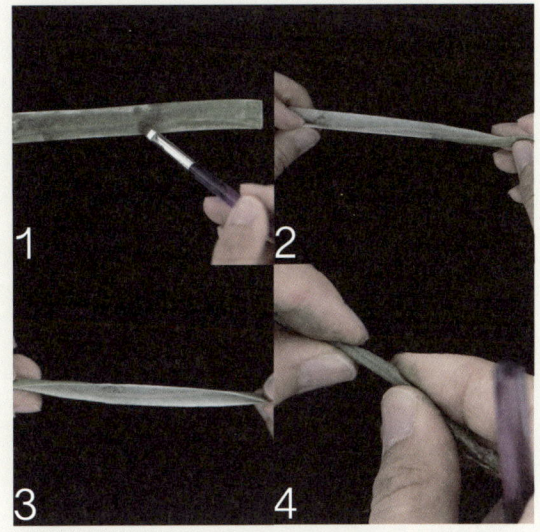

잎 피우기

1. 줄기의 윗부분에 도안 A를 붙인다.

2. 조금 밑에 도안 B를 교차되도록 붙인다.

3. 다시 조금 밑에 도안 B와 C를 붙인다.

4. 잎의 테두리에 색소를 한 번 더 덧칠한다.

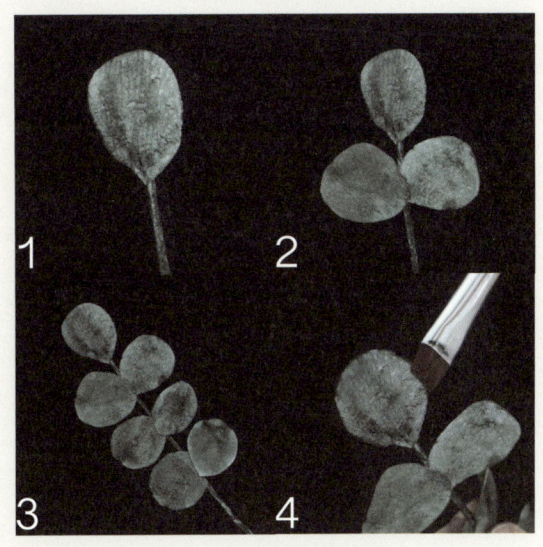

English Rose

잉글리쉬 로즈

도안 | p.200

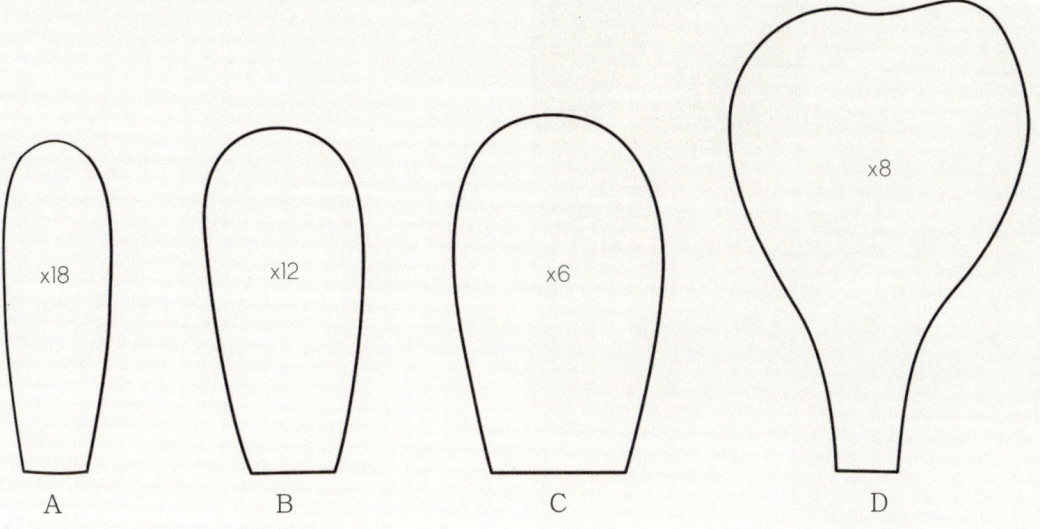

A ×18
B ×12
C ×6
D ×8

꽃잎 (1)

1. 윌튼 오렌지 & 윌튼 로즈 색소에 보드카를 적당량 섞는다.

2. 도안 A를 둥근 부분 위주로 채색한다.

3. 베이닝 툴의 좁은 쪽으로 눌러 구부린다.

4. 도안 A 완성

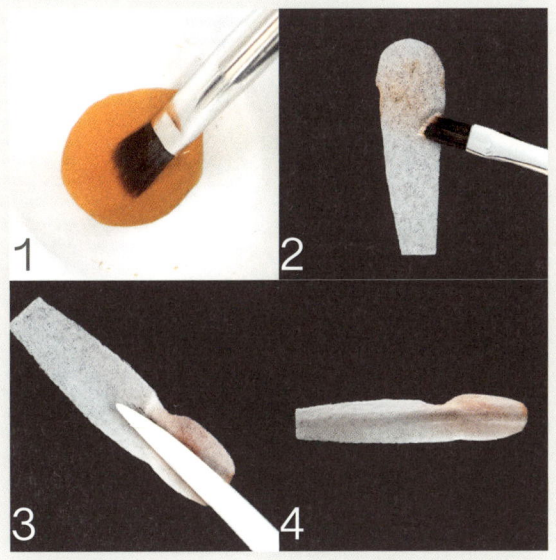

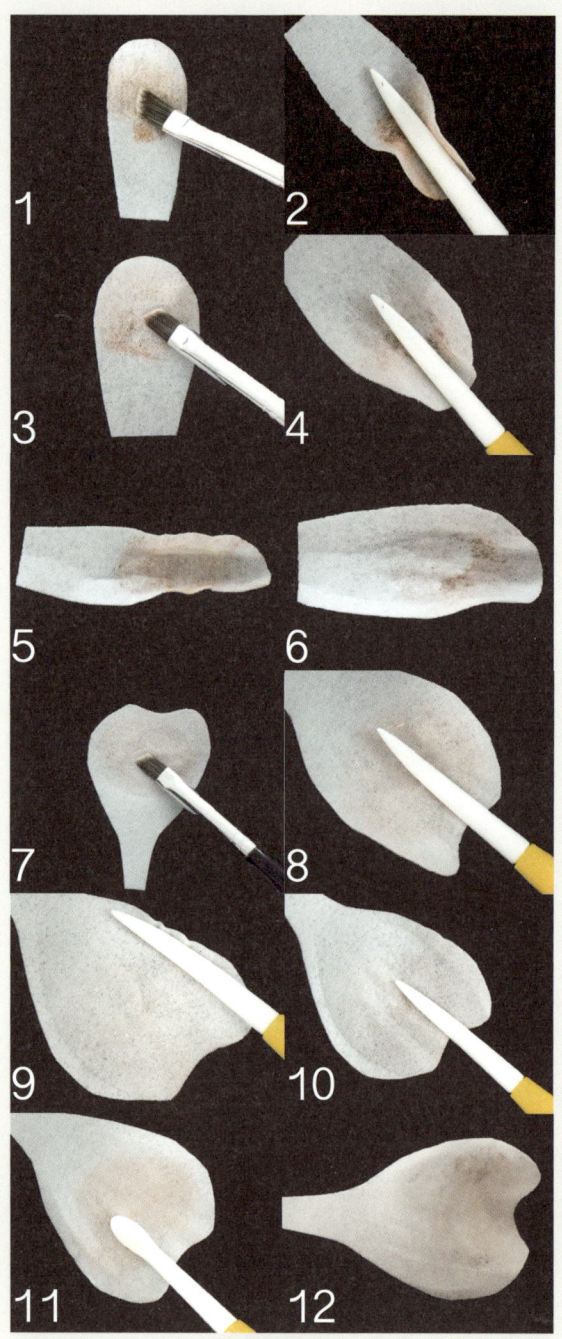

꽃잎 (2)

1. 도안 B를 둥근 부분 위주로 채색한다.

2. 베이닝 툴의 좁은 쪽으로 눌러 구부린다.

3. 도안 C를 둥근 부분 위주로 채색한다.

4. 베이닝 툴의 좁은 쪽으로 눌러 구부린다.

5. 도안 B 완성

6. 도안 C 완성

7. 도안 D를 둥근 부분 위주로 채색한다.

8. 베이닝 툴의 좁은 쪽으로 중앙을 눌러 주름을 만든다.

9. D를 뒤집은 뒤 뒷면의 가장자리를 눌러 구부린다.

10. 중앙을 눌러 주름을 만든다.

11. 다시 뒤집어서 앞면의 중앙을 베이닝 툴의 넓은 면으로 문지른다.

12. 도안 D 완성

꽃피우기

1. 도안 A 두 장을 서로 엇갈리도록 포갠다.

2. 도안 A 세 장을 겹쳐 서로 붙인다.

3. 포갠 꽃잎을 둘러 돌돌 말리도록 붙인다.

4. 슈거 기둥에 붙인다.

5. 같은 방법으로 2개를 더 만들고 슈거 기둥에 붙인다.

6. 도안 C를 사진의 위치에 붙인다.

7. 사진과 같이 높이 떠 있도록 한다.

8. 사이사이에 도안 C를 끼워 붙인다.

9. 다시 사이사이에 도안 B를 끼워 붙인다.

10. 전체 꽃잎이 균일하도록 모양을 잡는다.

11. 도안 D를 눕히면서 붙인다.

12. 꽃잎들을 조금씩 펼치면서 피어나도록 모양을 잡는다.

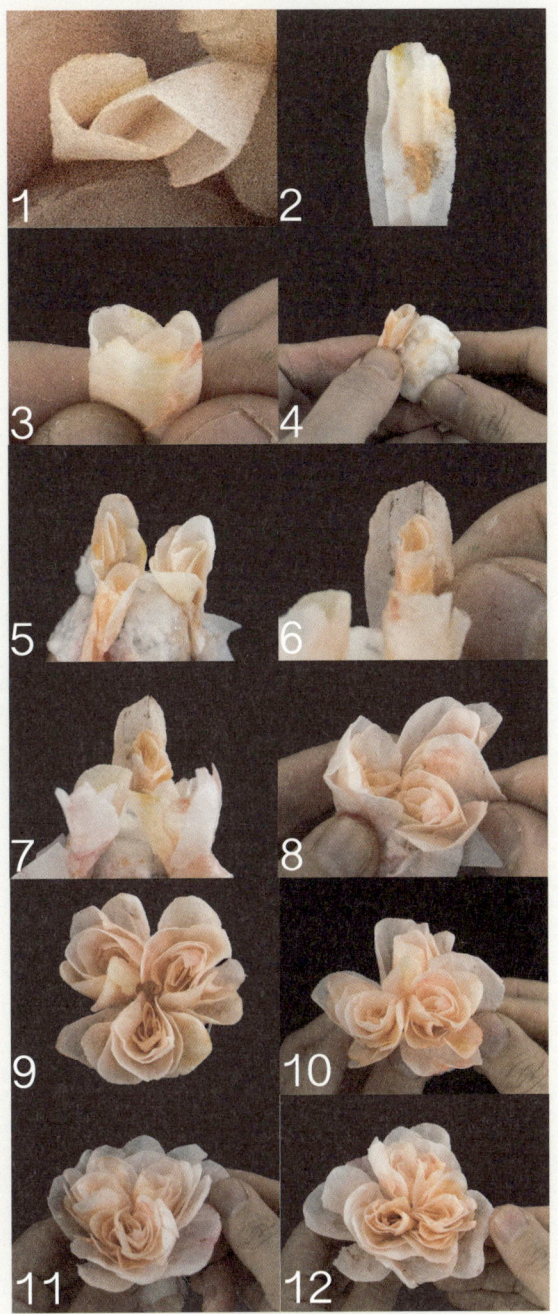

Peony

작약

도안 | p.200

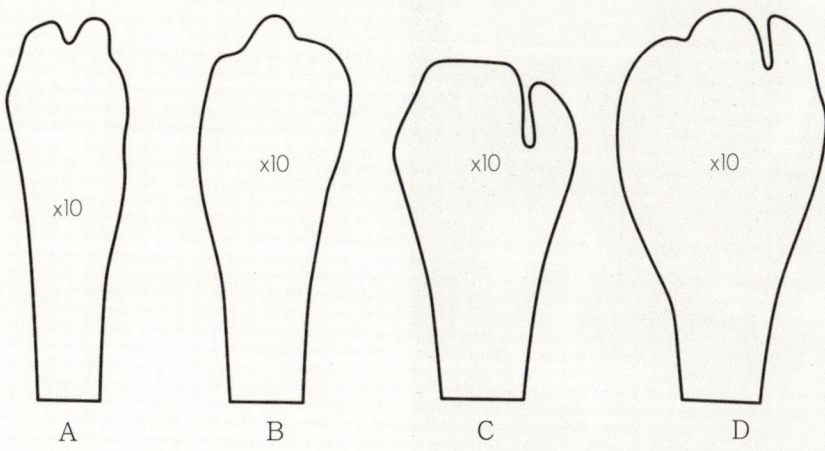

A   B   C   D

꽃잎 (1)

1. 윌튼 로즈 색소에 보드카를 연하게 섞는다.

2. 도안 A를 채색한다.

3. 볼툴로 오랫동안 문질러서 꽃잎을 구부린다.

4. 사진과 같은 상태가 되도록 한다.

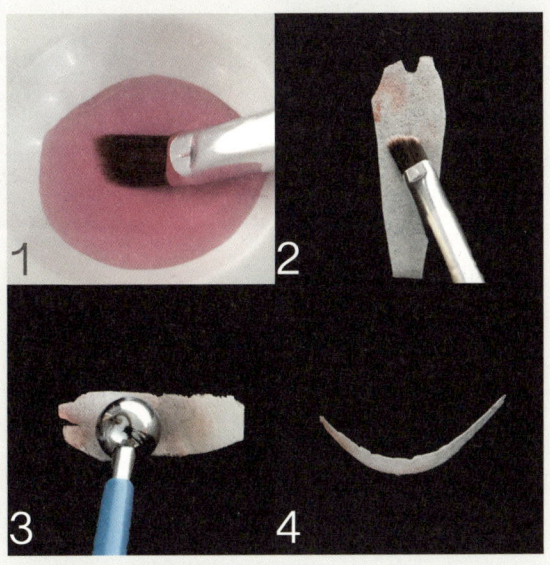

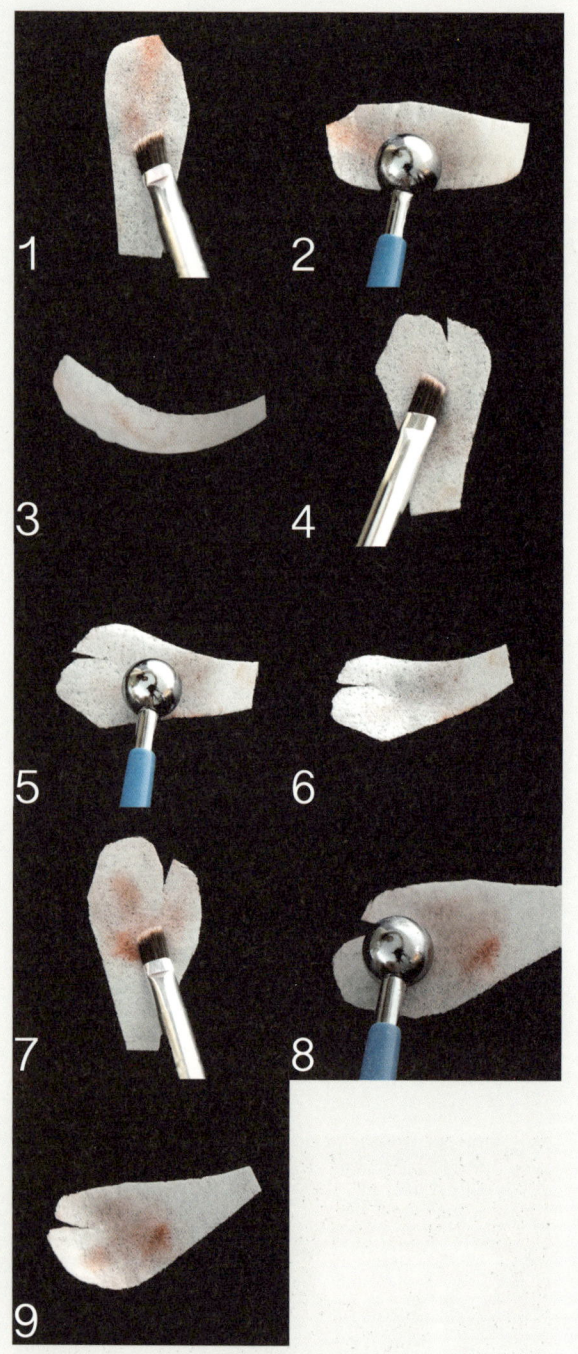

꽃잎 (2)

1. 도안 B를 채색한다.

2. 볼툴로 적당히 문질러서 구부린다.

3. 사진과 같은 상태가 되도록 한다.

4. 도안 C를 채색한다.

5. 볼툴로 몇 차례 문질러서 꽃잎을 살짝 구부린다.

6. 사진과 같은 상태가 되도록 한다.

7. 도안 D를 채색한다.

8. 넓은 부분만 볼툴로 문질러서 오목하게 만든다.

9. 사진과 같은 상태가 되도록 한다.

꽃피우기

1. 슈거 반죽을 조금 떼어 지름 2.5cm의 원형 기둥을 만들고 표면에 보드카를 바른다.

2. 도안 A를 사진과 같이 붙인다.

3. 꽃잎을 계속 붙이면서 슈거 반죽이 보이지 않도록 한다.

4. 도안 B를 살짝 띄워서 붙인다.

5. 한 자리에 꽃잎이 여러 장 겹치도록 붙인다.

6. 도안 C를 살짝 띄워서 붙인다.

7. 계속해서 이어 붙여 꽃잎을 늘린다.

8. 같은 자리에 여러 겹을 붙여서 풍성하게 연출한다.

9. 도안 D를 눕혀서 붙인다.

10. 작약 완성

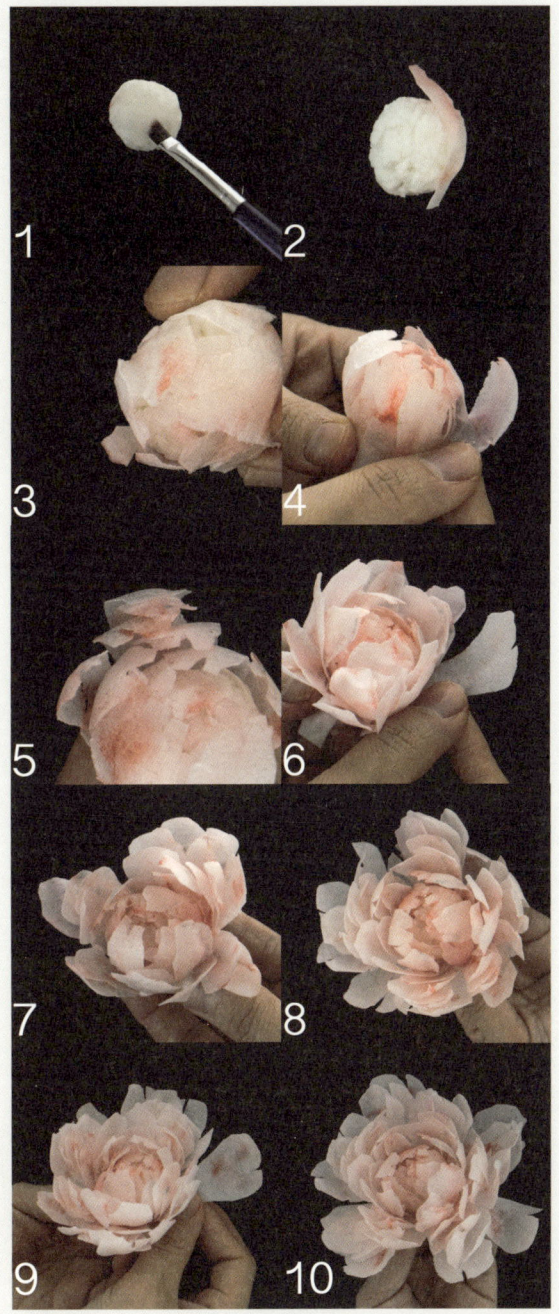

Rose

장미

도안 | p.200

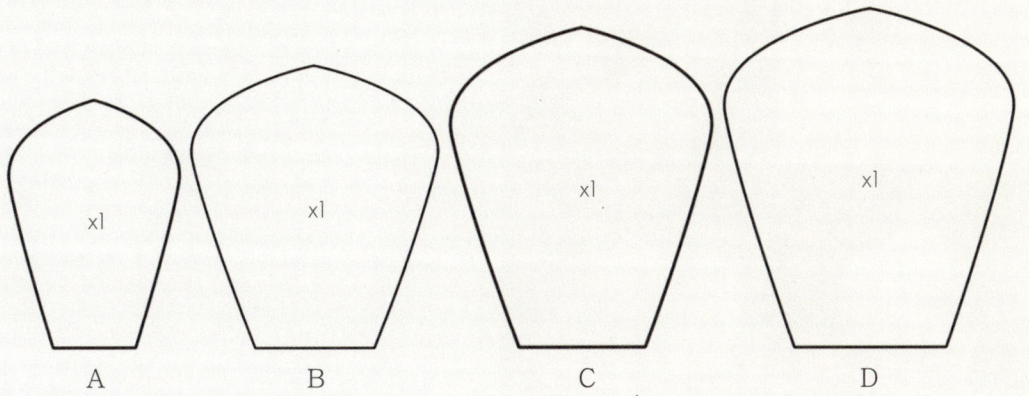

기둥

1. 슈거 반죽을 기둥 틀에 넣고 찍는다.

2. 슈거 기둥을 웨이퍼 페이퍼로 감싼 줄기에 꽂는다.

(기둥 틀이 없을 경우 손으로 빚는다)

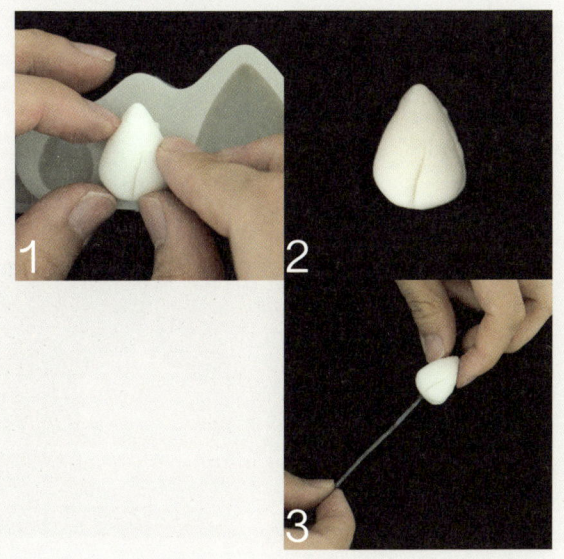

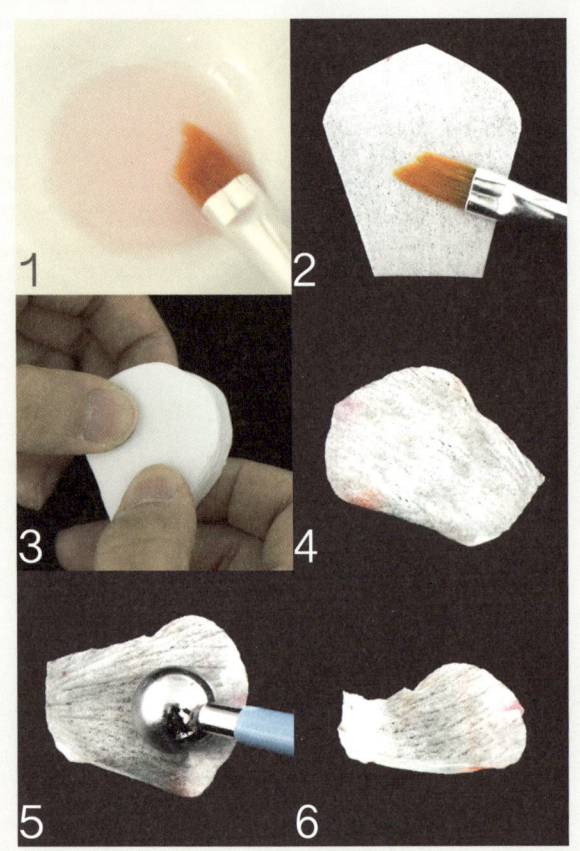

꽃잎 준비

1. 윌튼 핑크 색소에 보드카를 연하게 섞는다.

2. 넓은 붓으로 꽃잎을 채색한다.

3. 채색한 꽃잎을 베이너로 눌러 잎맥을 만든다.

4. 꽃잎을 살짝 말린다.

5. 쇼트닝을 바른 볼툴로 꽃잎의 중앙 부분을 문지른다.

6. 꽃잎 완성

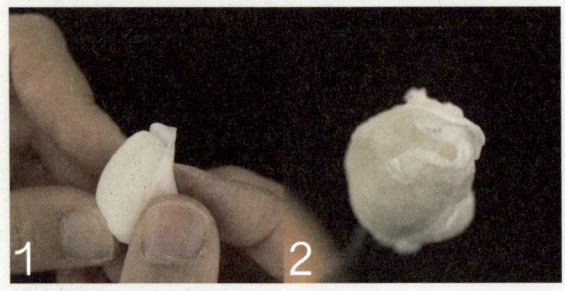

꽃피우기 (1)

1. 기둥을 감싸며 꽃잎을 붙인다.

2. 꽃잎으로 기둥을 한바퀴 빙 둘러 준다.

꽃피우기 (2)

1. 기둥을 중심으로 꽃잎을 감싸며 붙인다.

2. 꽃잎을 서로 반씩 겹쳐 가며 붙인다.

3. 4~5바퀴 정도 안쪽으로 모아서 붙인 뒤 꽃잎을 점점 펼쳐서 붙인다.

4. 마지막 꽃잎은 완전히 펼쳐서 붙인다.

5. 장미 완성

다듬기

1. 꽃잎의 끝부분과 테두리를 색소로 덧칠한다.

2. 나무 꼬치를 이용해 꽃잎을 반대 쪽으로 말아 준다.

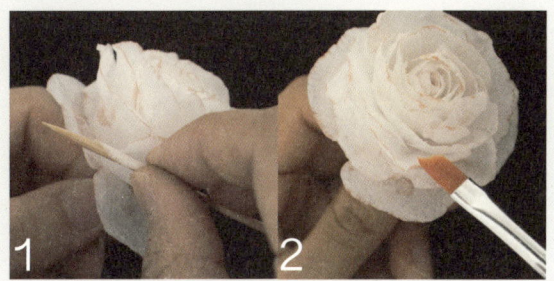

Carnation

카네이션

도안 | p.201

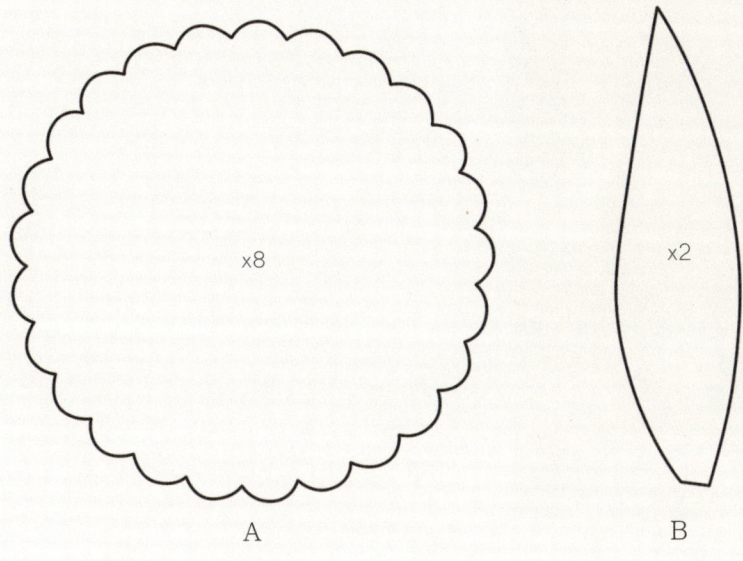

A   B

줄기

1. 윌튼 모스 그린 & 윌튼 브라운 색소에 보드카를 적당량 섞는다.

2. 웨이퍼 페이퍼를 줄기 길이만큼 자른 뒤 채색한다.

3. 당면을 올리고 반으로 접어 돌돌 말아 준다.

4. 보드카를 덧칠하며 단단하게 말아 줄기를 만든다.

5. 줄기 완성

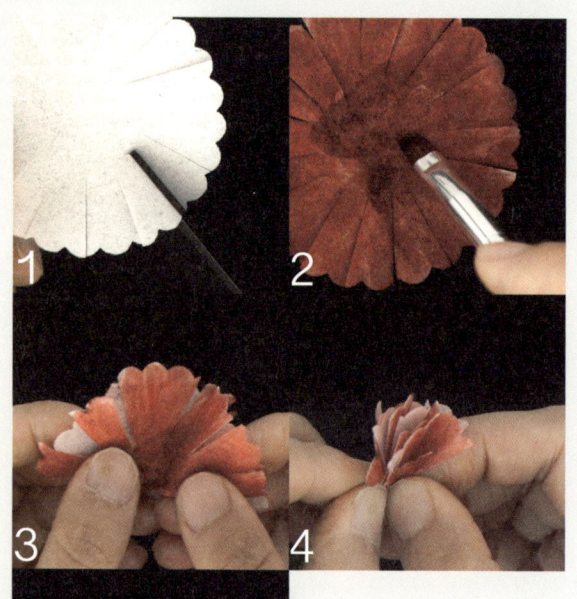

꽃잎 준비

1. 도안 A에 칼집을 16번 낸다.

2. 셰프마스터 슈퍼 레드 & 윌튼 로즈를 혼합한 뒤, 보드카를 소량 섞어 채색한다.

3. 채색한 꽃잎을 반으로 접는다.

4. 다시 반으로 접는다.

5. 한 번 더 반으로 접고 보드카를 살짝 묻힌 뒤, 손으로 지그시 눌러 붙인다.

6. 나머지 꽃잎들도 같은 방법으로 만든다.

꽃피우기

1. 꽃잎 끝부분에 보드카를 칠한다.

2. 만들어 둔 줄기를 붙인다.

3. 다른 꽃잎을 마주 붙여서 줄기가 꽃의 중심에 단단하게 세워질 수 있도록 한다.

4. 꽃이 전체적으로 둥근 모양이 되도록 꽃잎의 모양을 살피며 붙인 뒤, 모양이 잘 고정되도록 손으로 지그시 누른다.

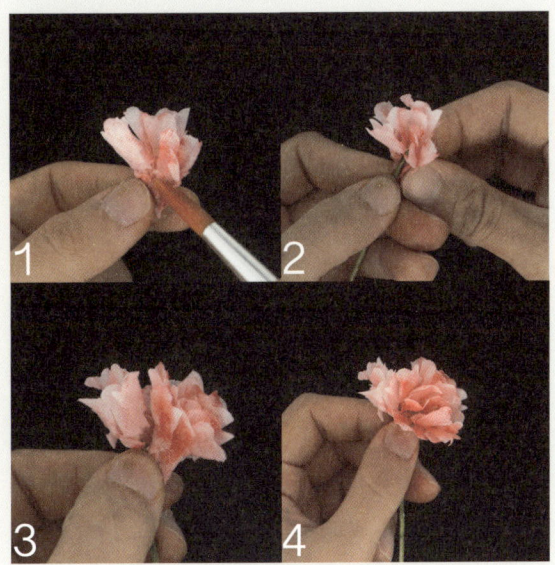

나뭇잎

1. 윌튼 모스 그린 & 윌튼 브라운 색소에 보드카를 적당량 섞은 뒤 도안 B를 채색한다.

2. 잎 끝부분에 보드카를 칠해 줄기에 붙인다.

Calla Lily

칼라

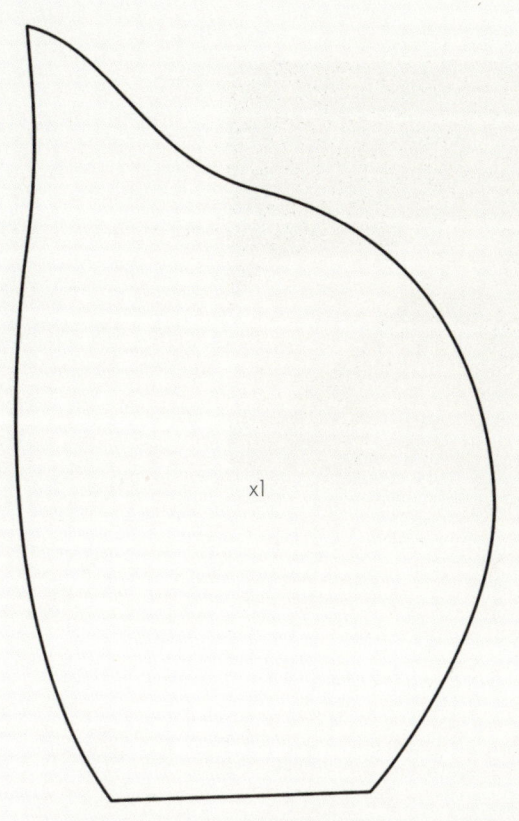

x1

꽃잎 준비

1. 꽃잎의 아랫부분에 보드카를 칠한다.

2. 도안의 왼쪽을 축으로 삼아 둥글게 말아 붙인다.

3. 꽃잎 완성

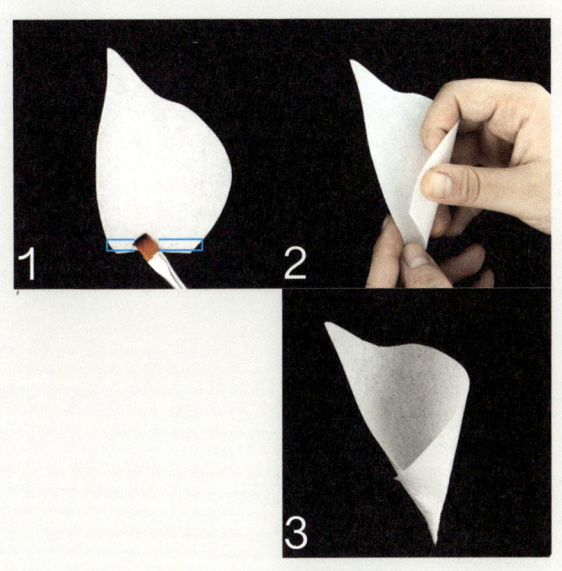

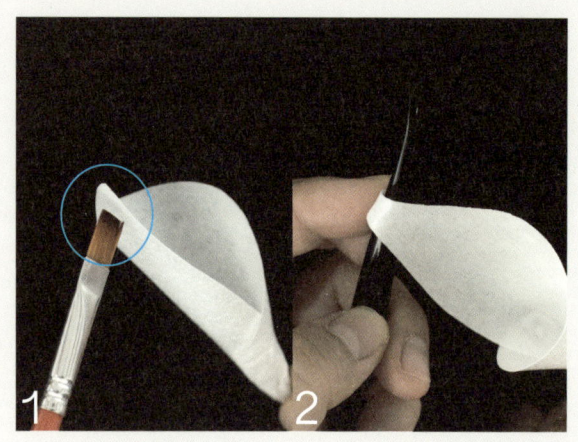

꽃잎 다듬기

1. 꽃잎의 끝부분에 보드카를 칠한다.

2. 베이닝 툴을 이용해 뒤로 살짝 꺾이는 느낌으로 말아 준다.

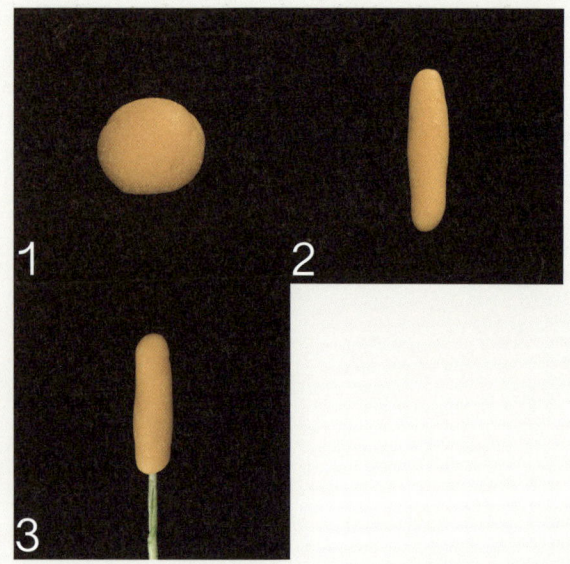

수술

1. 윌튼 골든 옐로우 색소로 조색한 슈거 반죽을 준비한다.

2. 길게 밀어 길쭉한 타원 모양을 만든다.

3. 줄기에 꽂는다.

꽃피우기

1. 꽃잎 사이로 줄기를 꽂는다.

2. 줄기와 잘 붙도록 눌러 준다.

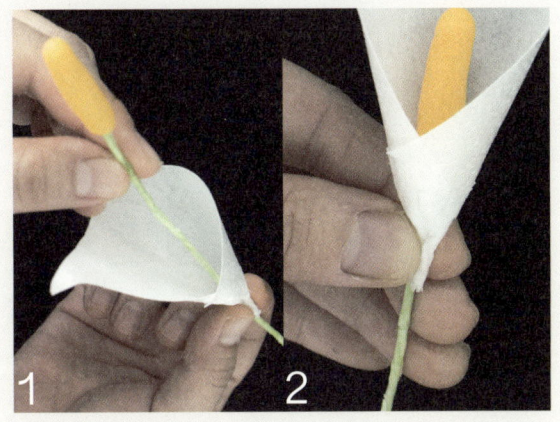

다듬기

1. 셰프마스터 네온 브라이트 그린 색소에 보드카를 적당량 섞는다.

2. 줄기와 꽃잎이 닿는 부분에 채색한다.

3. 꽃잎의 뾰족한 끝부분에 채색한다.

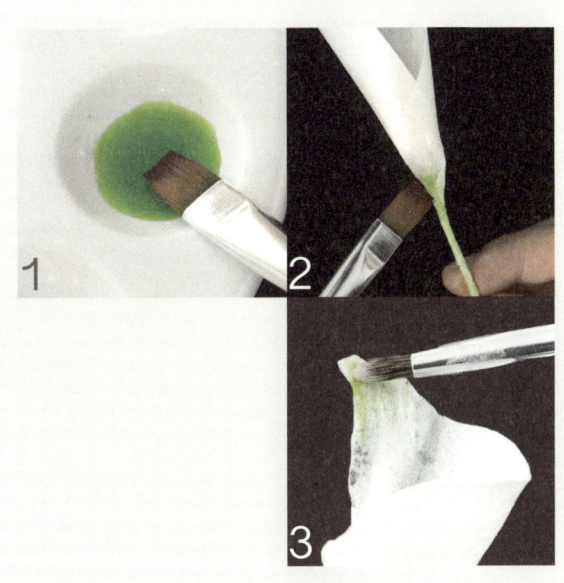

Cosmos

코스모스

도안 | p.202

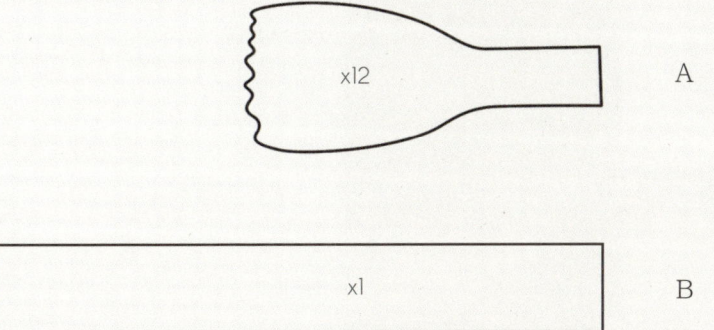

꽃잎 (1)

1. 윌튼 로즈 색소에 보드카를 적당량 섞어 연한 색과 진한 색을 준비한다.

2. 도안 A를 연한 색으로 채색한다.

3. 채색한 꽃잎을 베이너로 눌러 잎맥을 만든다.

4. 베이닝 툴로 눌러 오목한 모양을 만든다.

5. 오목해진 모습

6. 진한 색으로 꽃잎의 가장자리를 듬성듬성 채색한다.

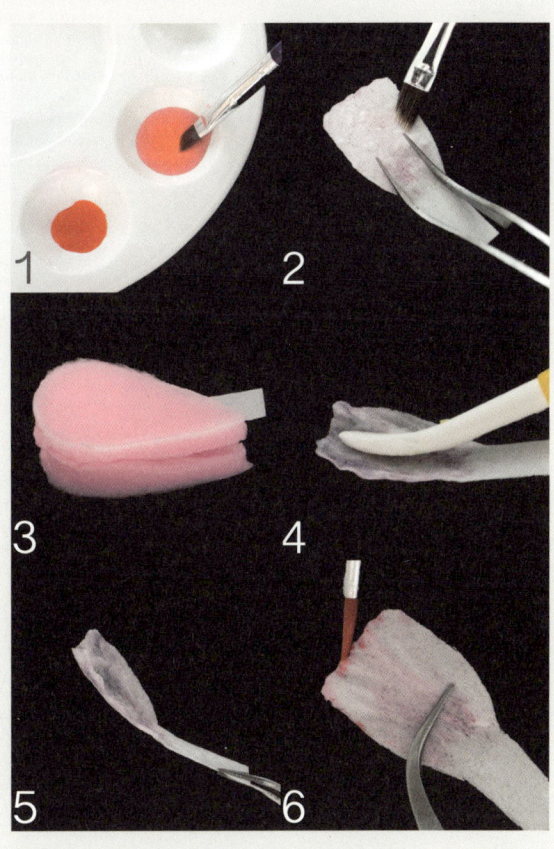

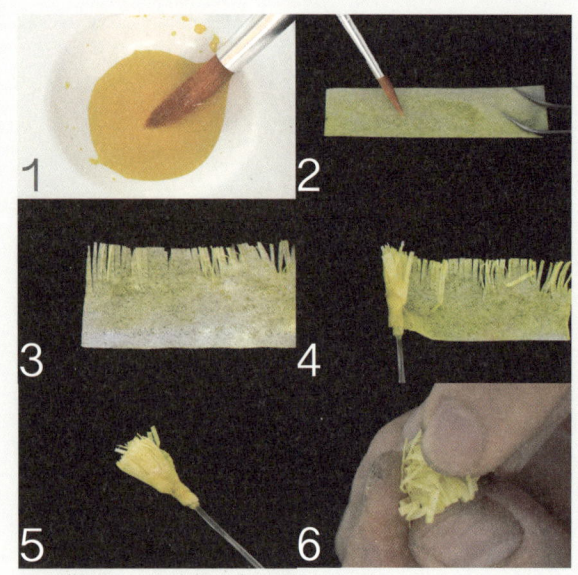

수술

1. 윌튼 레몬 옐로우 색소에 보드카를 적당량 섞는다.

2. 도안 B를 채색한 뒤 건조한다.

3. 중간 부분까지 가늘게 자른다.

4. 당면을 붙이고 돌돌 말아 준다.

5. 말린 모습

6. 손으로 눌러 끝부분을 납작하게 만든다.

줄기

1. 윌튼 네온 브라이트 그린 색소에 보드카를 적당량 섞는다.

2. 웨이퍼 페이퍼를 줄기 길이만큼 잘라 채색한다.

3. 당면에 감싸 말아 준다.

4. 줄기 완성

꽃피우기

1. 꽃잎의 아랫부분을 수술과 같은 색으로 채색한다.

2. 꽃잎 세 장을 포개어 붙인다.

3. 수술의 옆면에 붙인다.

4. 세 장씩 붙인 꽃잎을 연결하여 이어 붙인다.

5. 꽃잎의 균형을 맞춘다.

완성하기

1. 윌튼 버건디 색소에 보드카를 진하게 섞는다.

2. 자투리를 잘게 자른다.

3. 작고 네모낳게 여러 장을 준비한다.

4. 보드카를 자투리에 넉넉히 적시고, 붓으로 말아 동그랗게 만든다.

5. 하나씩 핀셋으로 집어 올린다.

6. 수술에 듬성듬성하게 붙인다.

Clematis

클레마티스

도안 | p.202

A ×6

B ×1

꽃잎

1. 윌튼 바이올렛 & 윌튼 스카이 블루 색소를 혼합한 뒤 보드카를 적당량 섞는다.

2. 도안 A에 세로 결을 만들며 채색한다.

3. 찢어짐을 방지하기 위해 쇼트닝을 바른다.

4. 채색한 꽃잎을 베이너로 눌러 잎맥을 만든다.

5. 꽃잎 완성

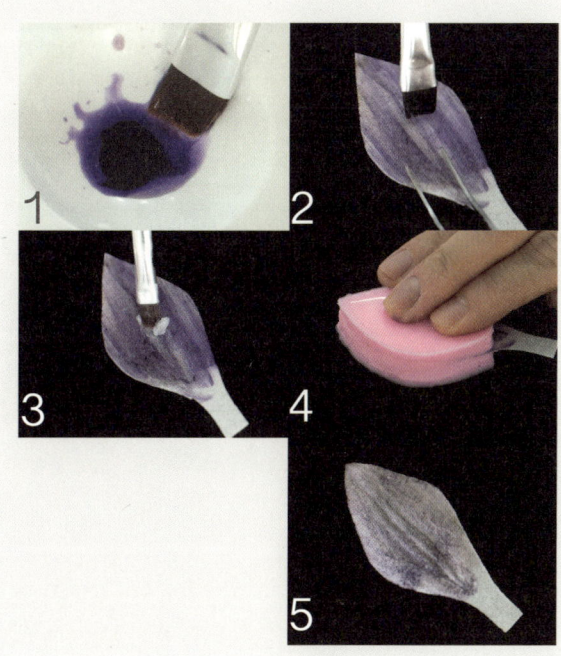

수술

1. 셰프마스터 네온 브라이트 그린 색소에 보드카를 적당량 섞는다.

2. 도안 B를 얼룩덜룩하게 채색한다.

3. 중간 부분까지 가늘게 자른다.

4. 재단하지 않은 면에 당면을 붙이고 돌돌 말아 준다.

5. 수술 완성

꽃피우기

1. 꽃잎의 아랫부분에 보드카를 적신다.

2. 수술 옆면에 붙인다.

3. 꽃잎이 살짝 겹치도록 두 번째 꽃잎을 붙인다.

4. 6개의 꽃잎을 균형 있게 붙인다.

5. 수술을 펼쳐 풍성하게 연출한다.

다듬기

1. 윌튼 스카이 블루 색소에 보드카를 적당량 섞는다.

2. 꽃잎 가장자리에 칠한다.

3. 윌튼 레몬 옐로우 색소에 보드카를 적당량 섞는다.

4. 수술 끝자락에 칠한다.

줄기

1. 웨이퍼 페이퍼를 원형으로 재단해 수술과 같은 색으로 채색한다.

2. 줄기 아랫부분부터 올려서 꽃의 밑부분에 붙인다.

3. 깔끔하게 마무리해 꽃받침을 완성한다.

4. 웨이퍼 페이퍼를 줄기 길이만큼 재단해 같은 색으로 채색하고 돌돌 말아 줄기를 완성한다.

Tulip

튤 립

도안 | p.201

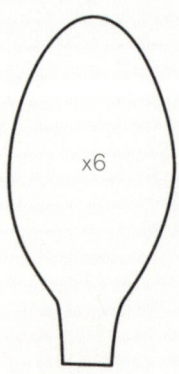

x6

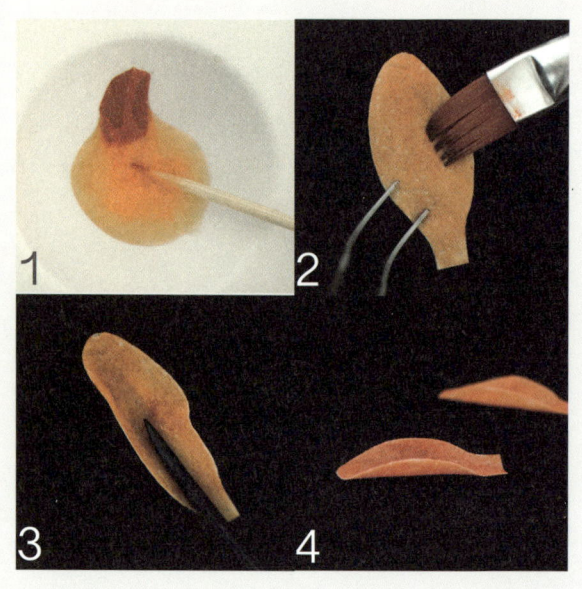

꽃잎 준비

1. 셰프마스터 조지아 피치 & 셰프마스터 골든 옐로우 색소에 보드카를 적당량 섞는다.

2. 꽃잎 뒷면을 채색한 뒤 말린다.

3. 꽃잎 앞면을 마저 채색한 뒤 베이닝 툴을 좌우로 문질러 오목한 모양을 만든다.

4. 꽃잎 완성

기둥

1. 슈거 반죽을 타원형으로 둥글린다.

3. 줄기의 끝에 꽂는다.

꽃피우기

1. 꽃잎의 중간 부분에 보드카를 칠해 붙인다.

2. 같은 방법으로 세 장을 붙인다.

3. 세 장의 사이사이에 나머지 세 장도 붙인다.

4. 꽃잎의 아랫부분에 보드카를 넉넉히 적신 뒤, 붓을 이용해 기둥의 아래쪽에 붙여 깔끔하게 정리한다.

5. 기둥 윗부분에 같은 색의 보드카를 칠한다.

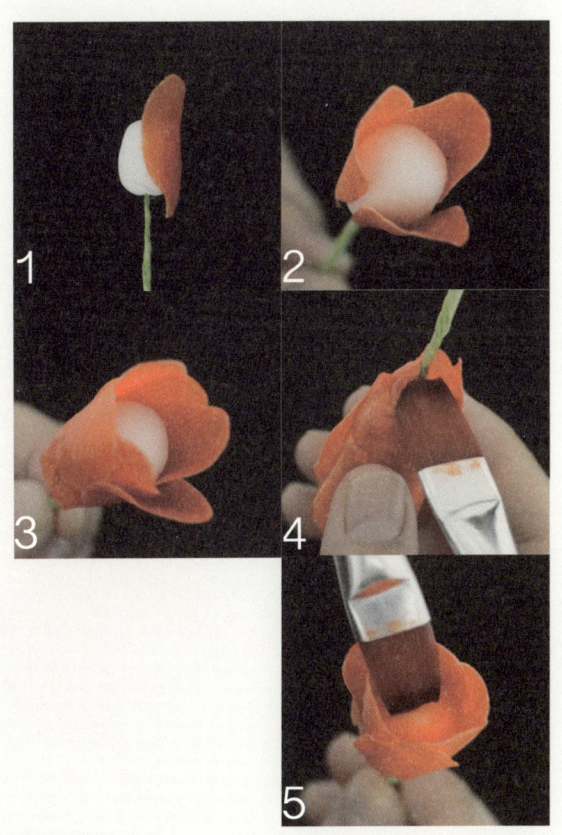

Poinsettia

포인세티아

도안 | p.202

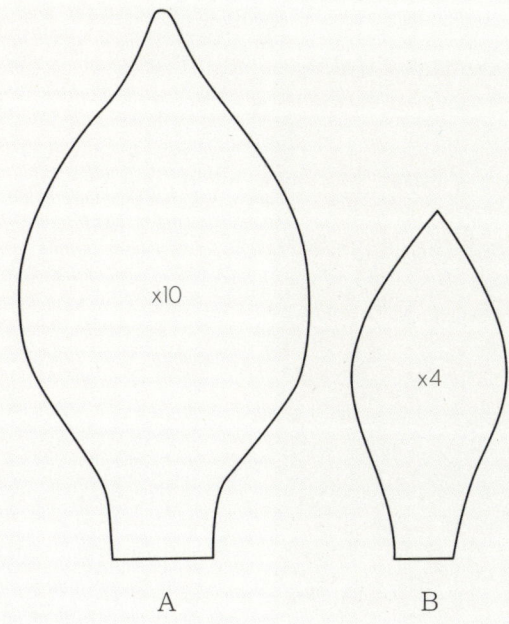

x10
A

x4
B

꽃잎 준비

1. 윌튼 레드 레드 색소에 보드카를 적당량 섞는다.

2. 도안 A, B를 채색한다.

3. 베이닝 툴의 넓은 쪽으로 꽃잎의 중앙을 눌러 오목하게 만든다.

4. 베이닝 툴의 좁은 쪽으로 꽃잎의 끝부분을 눌러 깊은 자국을 만든다.

5. 가장자리를 눌러 꽃잎이 안으로 말리도록 한다.

6. 꽃잎을 손으로 모아 준다.

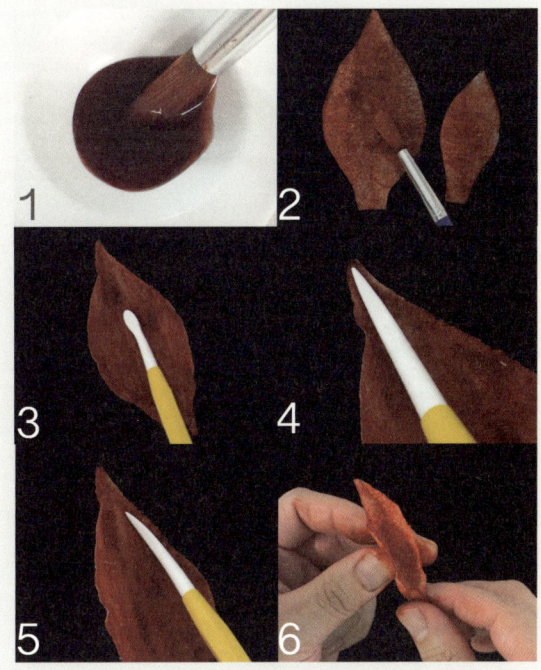

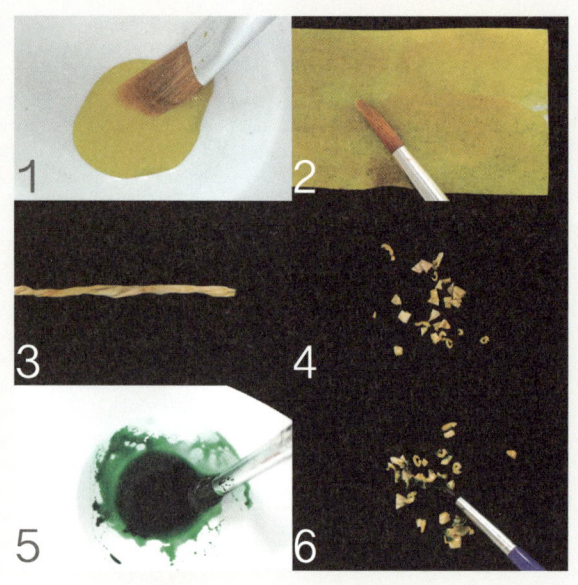

수술

1. 윌튼 레몬 옐로우 색소에 보드카를 적당량 섞는다.

2. 자투리 웨이퍼 페이퍼를 채색한다.

3. 길쭉하게 말아 준다.

4. 가위로 작게 자른다.

5. 윌튼 켈리 그린 색소에 보드카를 적당량 섞는다.

6. 수술에 듬성듬성 묻혀 준다.

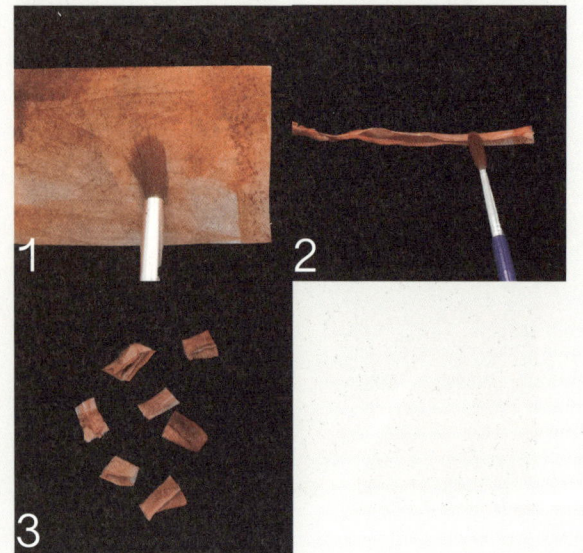

꽃잎 기둥

1. 자투리 웨이퍼 페이퍼를 꽃잎과 같은 색으로 채색한다.

2. 길쭉하게 접어 붙인다.

3. 크고 두껍게 자른다.

꽃피우기

1. 자투리 웨이퍼 페이퍼를 꽃잎과 같은 색으로 채색한다.

2. 도안 A 6장을 균형에 맞도록 붙인다.

3. 그 위에 4장을 붙인다.

4. 표시한 위치에 꽃잎 기둥을 붙인다.

5. 꽃잎 기둥 위에 크기가 작은 꽃잎을 붙인다.

6. 꽃잎들 사이사이에 꽃잎을 하나씩 붙여서 풍성하게 만든다.

7. 풍성해진 모습

8. 준비한 수술에 보드카를 적셔 중앙 부분에 붙인다.

Plumeria

플루메리아

도안 | p.201

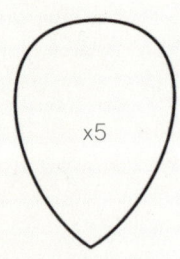

꽃잎 준비

1. 도안을 재단한다.

2. 윌튼 레몬 옐로우 색소에 보드카를 적당량 섞는다.

3. 둥근붓을 이용해 꽃잎의 뾰족한 부분에 퍼지는 형태로 칠한다.

4. 꽃잎 완성

잎맥

1. 베이너 위에 꽃잎을 올려놓는다.
2. 스프레이를 고르게 1회 분사한다.
3. 베이너를 꾹 눌렀다 뗀다.
4. 잎맥 완성

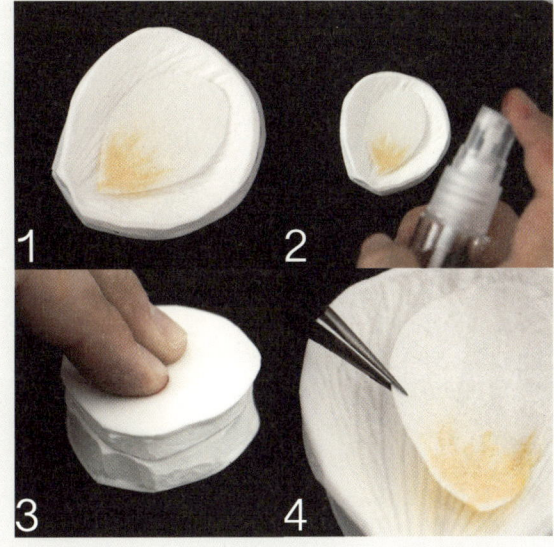

꽃피우기

1. 꽃잎의 뾰족한 부분에 보드카를 칠한다.
2. 한 장씩 차례대로 붙인다.
3. 플루메리아 완성

Phaelenopsis

호접란

도안 | p.203

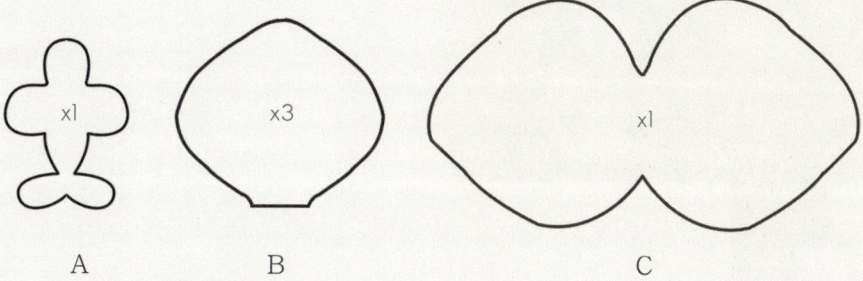

A   B   C

줄기

1. 셰프마스터 네온 브라이트 그린 색소에 보드카를 적당량 섞는다.

2. 웨이퍼 페이퍼를 당면의 길이만큼 자르고 채색한 뒤 당면을 올린다.

3. 채색한 웨이퍼 페이퍼를 반으로 접어 돌돌 말아 준다.

4. 줄기 완성

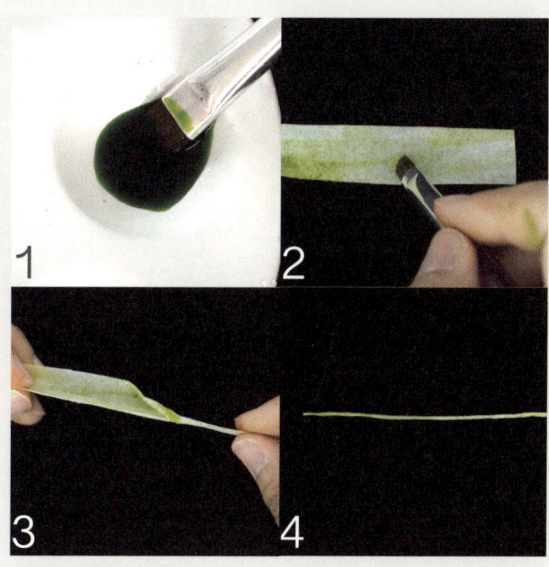

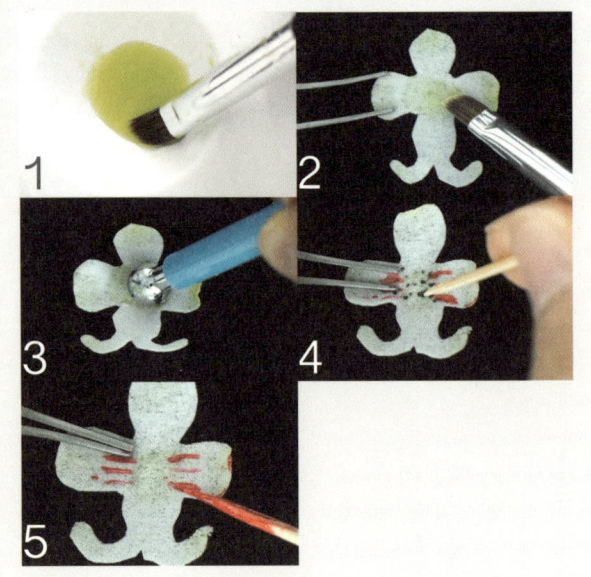

수술

1. 셰프마스터 네온 브라이트 그린 색소와 보드카를 연하게 섞는다.

2. 도안 A의 중간 부분을 채색한 뒤 말린다.

3. 쇼트닝을 바른 볼툴로 중앙 부분을 둥글게 문지른다.

4. 나무 꼬치로 윌튼 로즈 색소를 살짝 찍은 뒤 양쪽으로 3개의 선을 그린다.

5. 나무 꼬치로 윌튼 블랙 색소를 살짝 찍은 뒤 수술의 중앙 부분에 점을 찍는다.

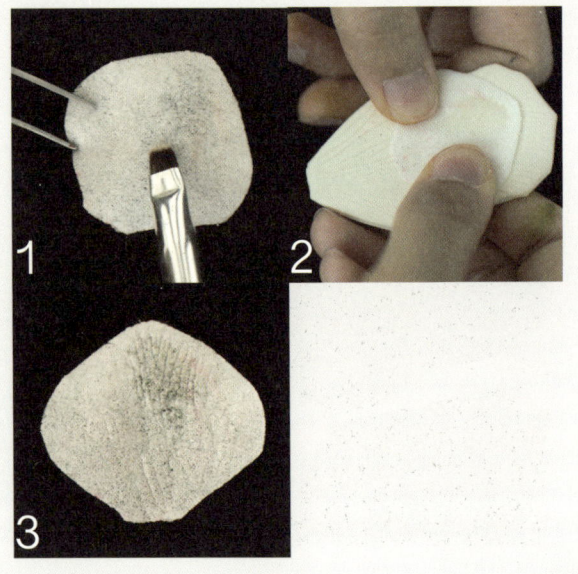

꽃잎 준비

1. 도안 B에 보드카를 칠한다.

2. 꽃잎을 베이너로 눌러 잎맥을 만든다.

3. 잎맥 완성

꽃피우기

1. 도안 B를 위쪽에 한 장, 아래쪽에 두 장 붙인다

2. 도안 B 위에 도안 C를 붙인다.

3. 꽃의 중앙 부분에 수술을 붙인다.

4. 완성된 꽃을 줄기에 붙인다.

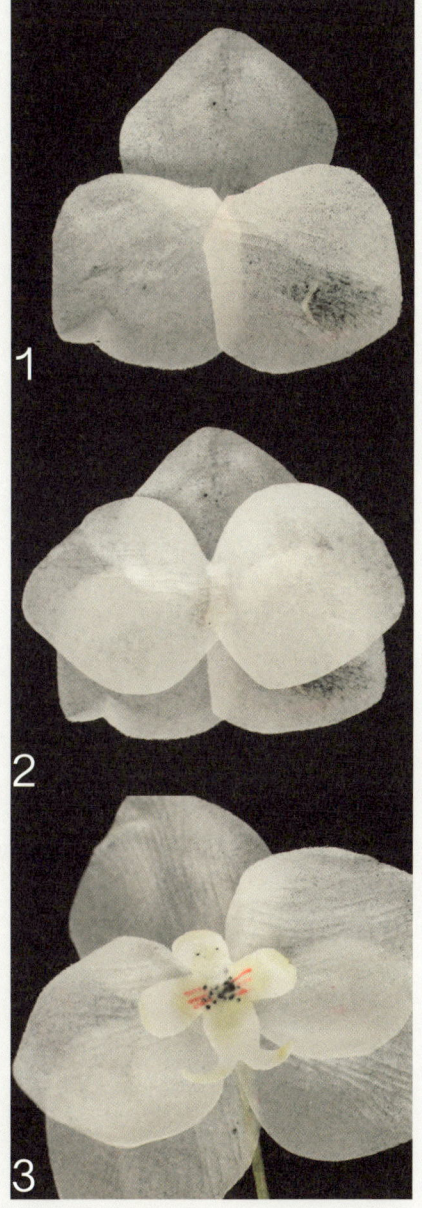

Hibiscus

히비스커스

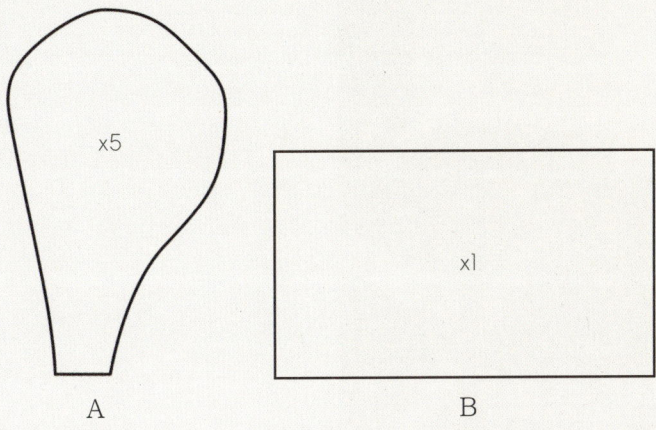

꽃잎

1. 도안 A에 보드카를 부드러워질 정도로만 살짝 적신다.

2. 셰프마스터 슈퍼 레드 색소에 보드카를 연하게 섞는다.

3. 중앙 부분에만 길쭉하고 진하게 채색한다.

4. 찢어짐을 방지하기 위해 쇼트닝을 바른다.

5. 채색한 꽃잎을 베이너로 눌러 잎맥을 만든다.

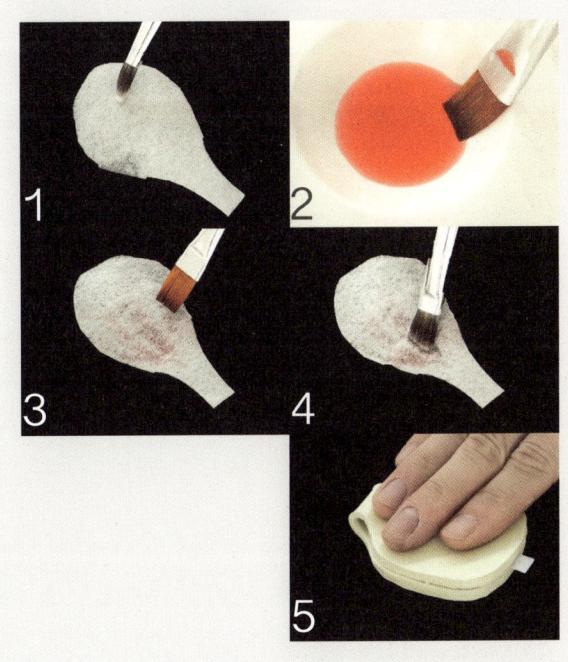

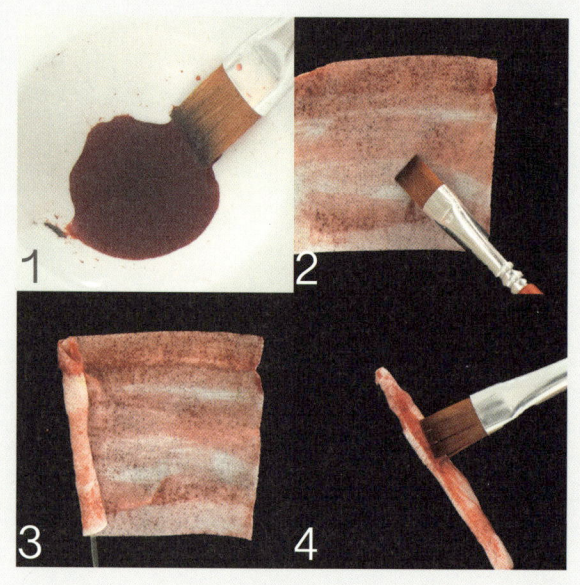

수술 (1)

1. 셰프마스터 슈퍼 레드 색소에 보드카를 진하게 섞는다.

2. 도안 B를 채색한다.

3. 당면을 올리고 돌돌 말아 수술을 만든다.

4. 보드카를 칠해 단면을 깔끔하게 붙인다.

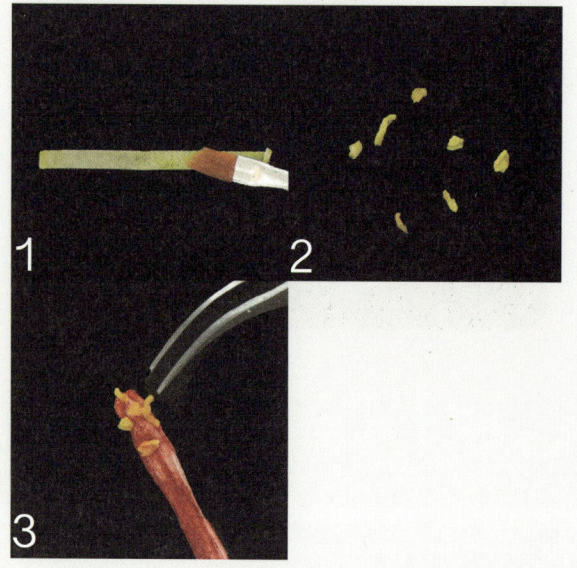

수술 (2)

1. 윌튼 레몬 옐로우 색소에 보드카를 적당량 섞어 자투리 웨이퍼 페이퍼를 채색한다.

2. 조금씩 떼어서 돌돌 말아 준비한다.

3. 핀셋으로 집어 보드카에 적신 뒤 수술의 끝부분에 붙인다.

꽃피우기

1. 꽃잎의 아랫부분에 보드카를 칠한다.

2. 수술의 옆면에 붙인다.

3. 5장을 균형 있게 붙인다.

4. 히비스커스 완성

Hyacinth

히아신스

도안 | p.203

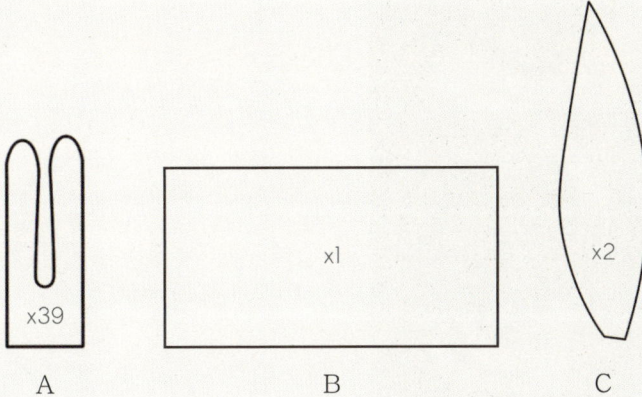

수술

1. 도안 B를 재단해 반으로 접는다.
2. 촘촘하게 가위질한다.
3. 돌돌 말아 준다.
4. 보드카를 살짝 칠하고 손으로 지그시 눌러 붙인다.

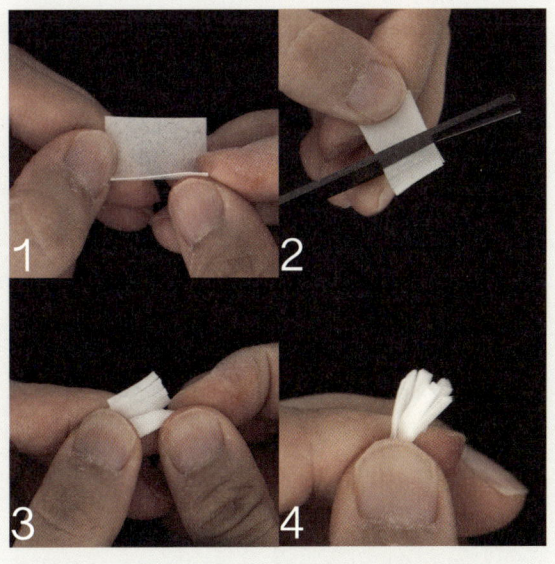

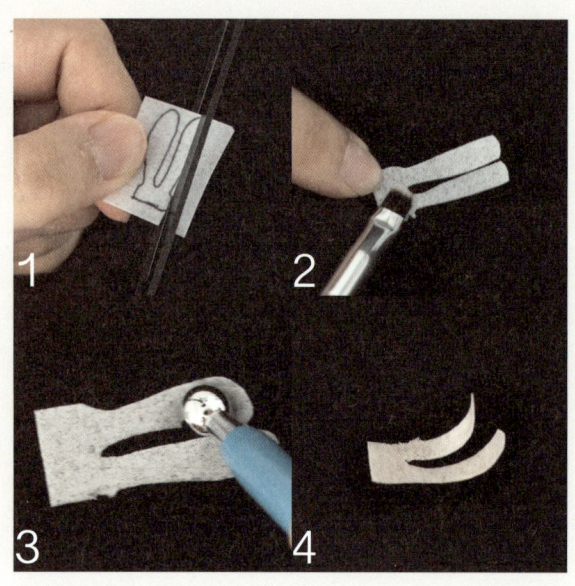

꽃잎 (1)

1. 도안 A를 재단한다.

2. 꽃잎의 뒷면에 보드카를 칠한다.

3. 쇼트닝을 바른 볼툴로 꽃잎을 둥글게 굴려 준다.

4. 꽃잎 (1) 완성

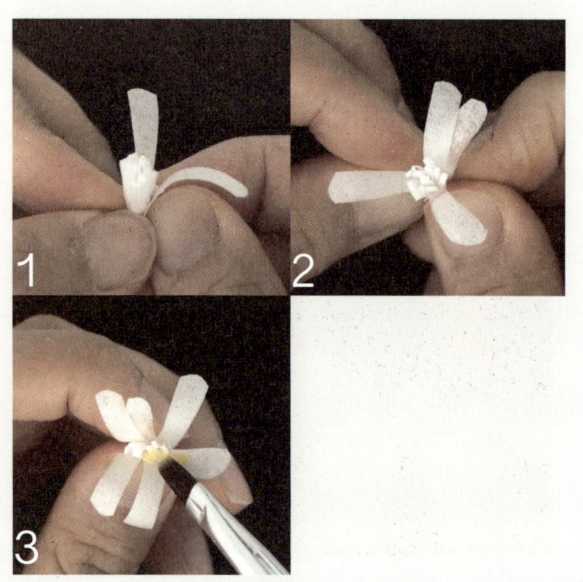

꽃잎 (2)

1. 수술을 중심으로, 꽃잎의 휘어진 부분이 바깥을 향하게 붙인다.

2. 꽃잎의 간격을 맞춰가며 수술 중심으로 도안 3장을 붙인다.

3. 윌튼 골든 옐로우 색소에 보드카를 적당량 섞은 뒤 수술을 채색한다.

꽃피우기

1. 셰프마스터 네온 브라이트 그린 색소에 보드카를 섞은 후 나뭇잎을 채색한다.

2. 채색한 나뭇잎을 베이너로 눌러 잎맥을 만든다.

3. 웨이퍼 페이퍼를 줄기 길이에 맞게 자른 뒤 잎과 같은 색상으로 채색한다.

4. 채색한 도안 중간에 당면을 올려 놓는다.

5. 붓으로 다시 채색하며 단단하게 말아 줄기를 만든다.

6. 줄기 완성

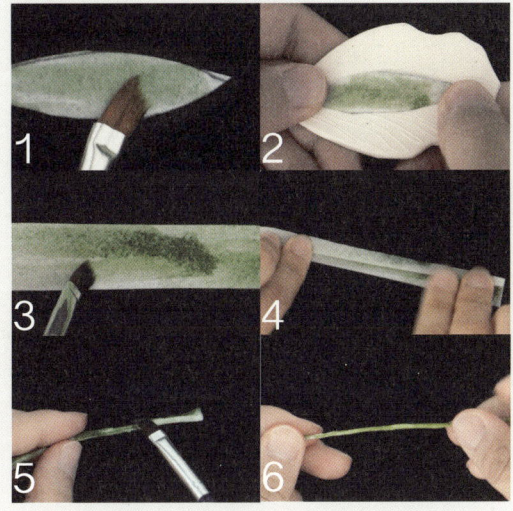

꽃피우기 (2)

1. 꽃잎의 끝부분에 보드카를 살짝 바른다.

2. 줄기의 끝에 꽃을 붙인다.

3. 첫 번째 꽃의 아랫부분에 꽃의 얼굴이 45도 방향으로 향하게 붙인다.

4. 줄기를 중심으로 꽃을 양방향으로 교차해 붙인다.

5. 꽃잎을 모두 붙인 후, 줄기에 나뭇잎을 붙인다.

PETAL TEMPLATE

CHAPTER 04

부록

도안 모음

거베라 
A ×2 B ×2 C ×40

라일락 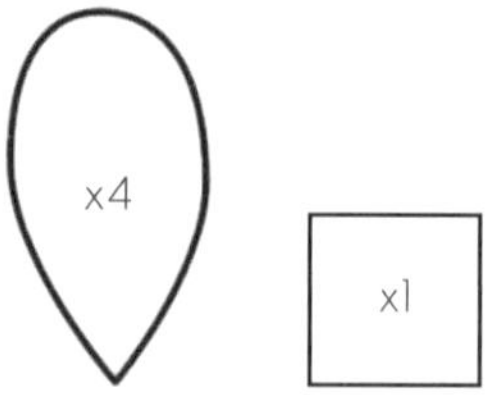
A ×4 B ×1

다육이 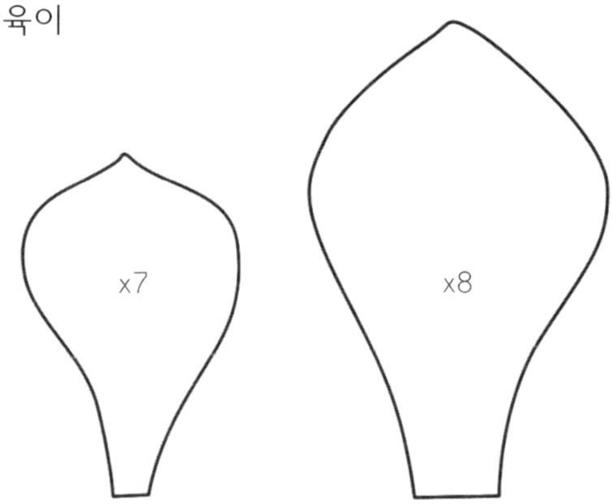
A ×7 B ×8

데이지 
A ×1 B ×2

라넌큘러스 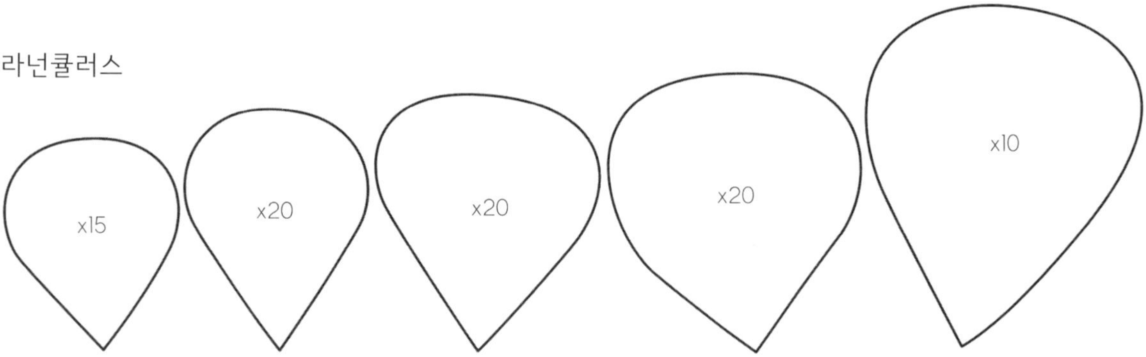
A ×15 B ×20 C ×20 D ×20 E ×10

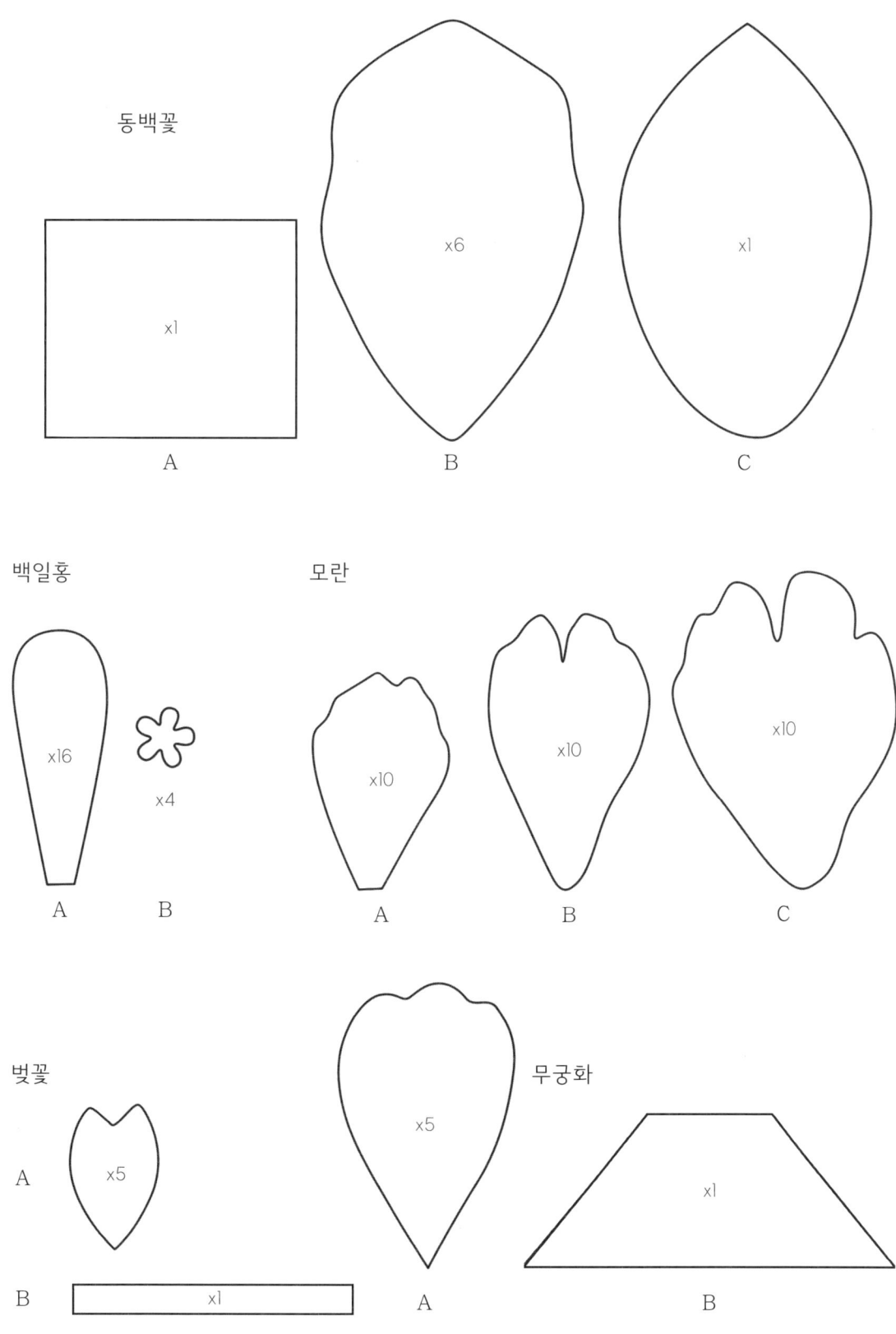

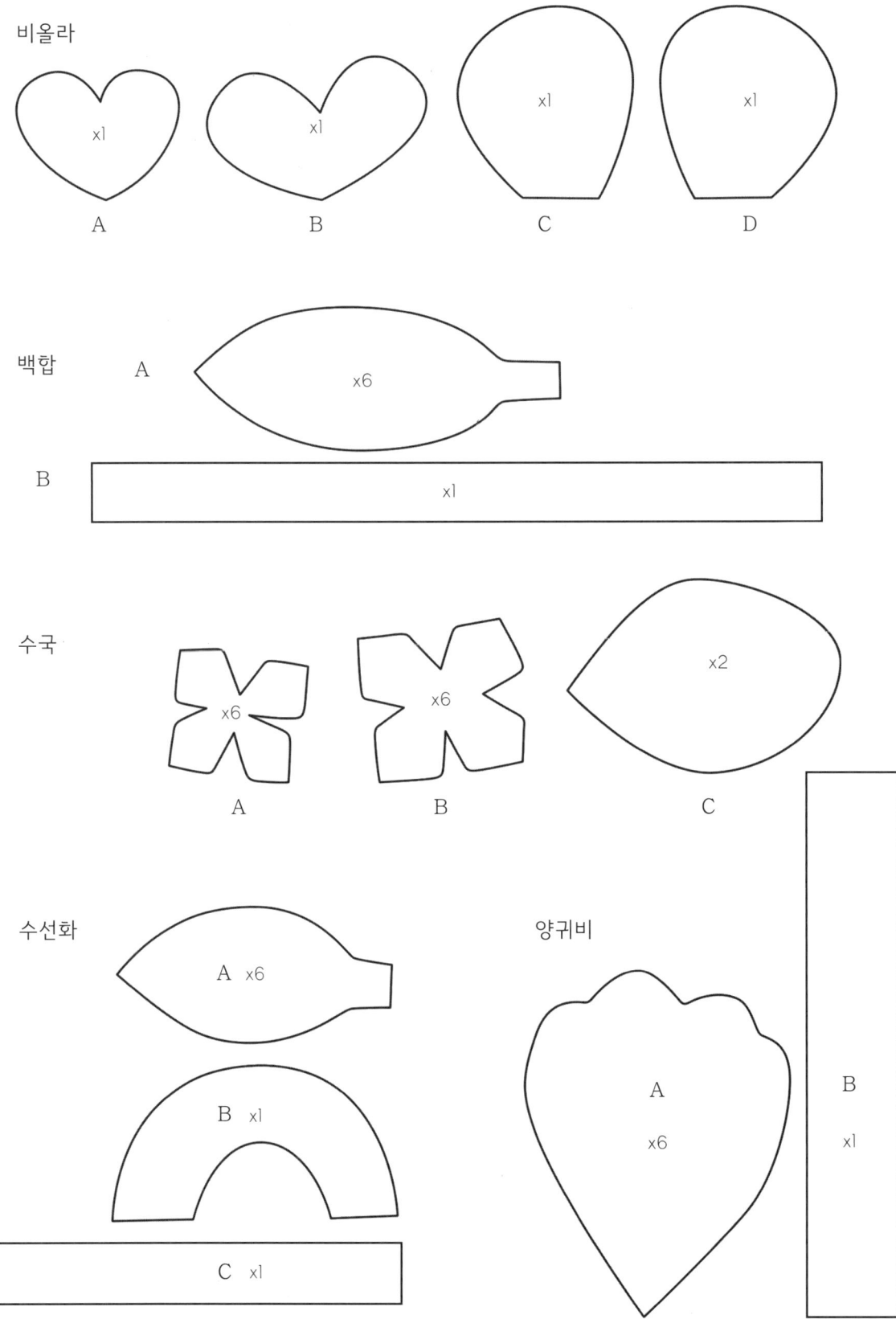

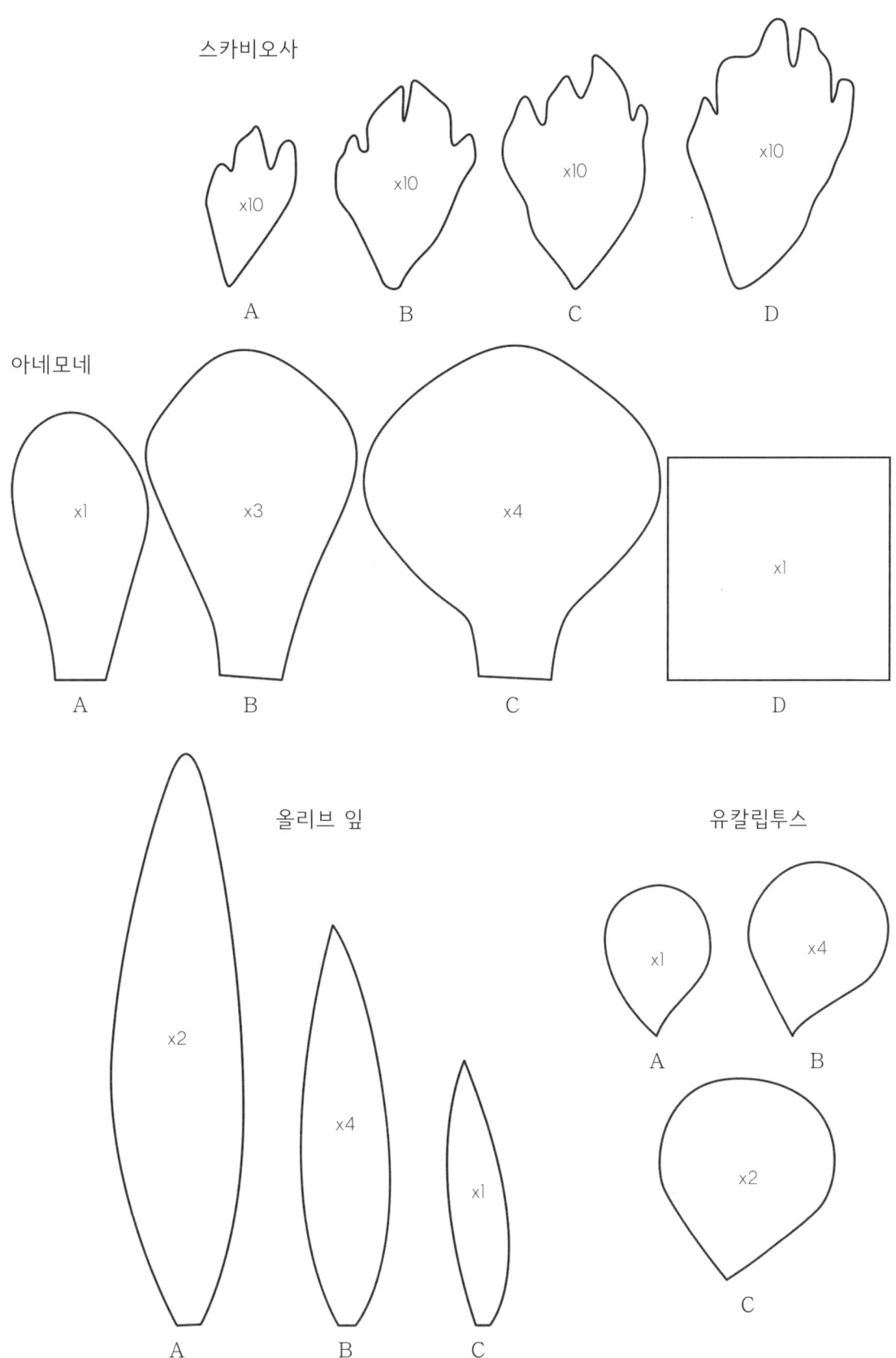

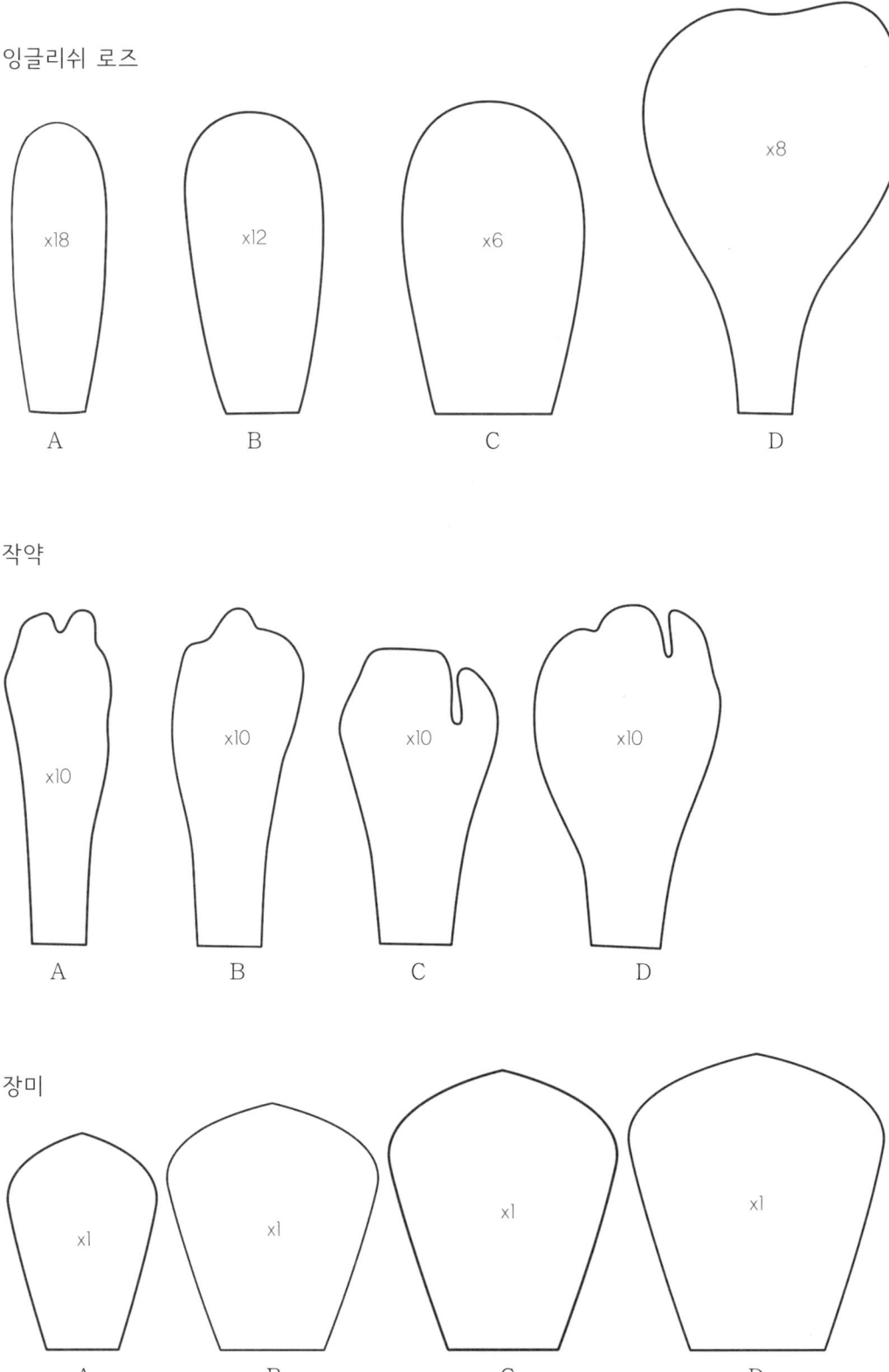

카네이션

x8

A

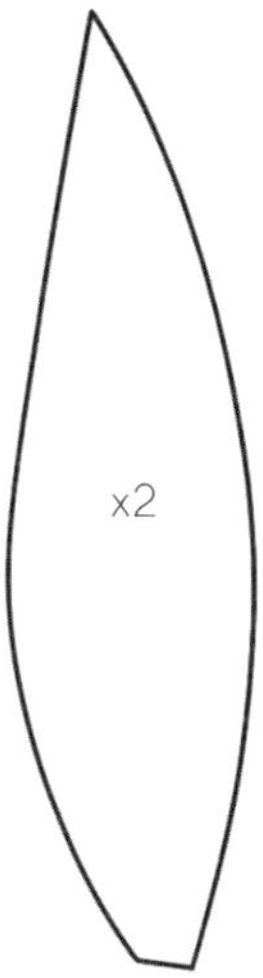

x2

B

칼라

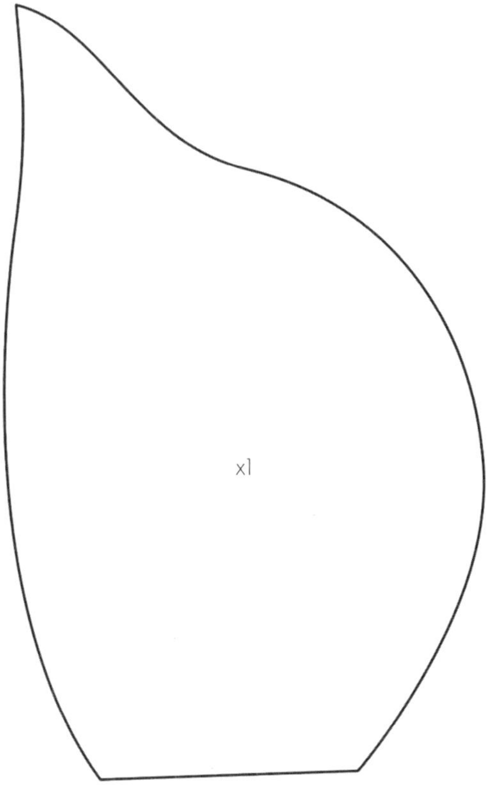

x1

튤립

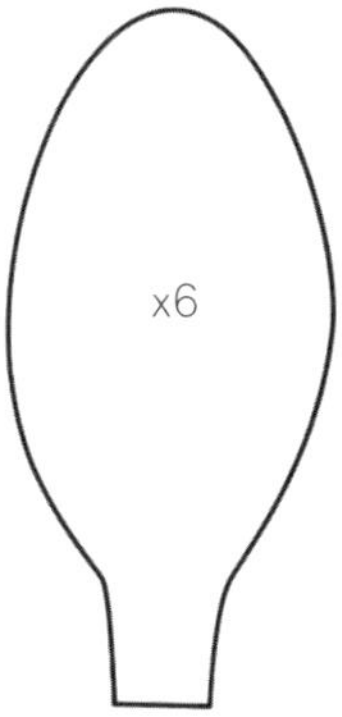

x6

플루메리아

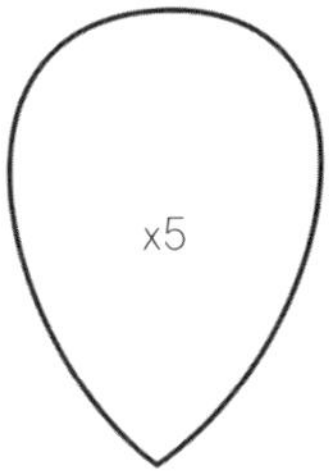

x5

코스모스

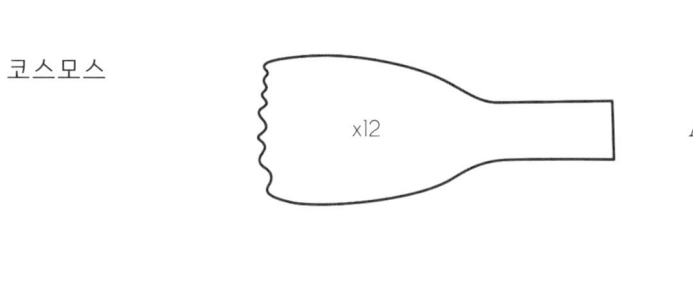

클레마티스

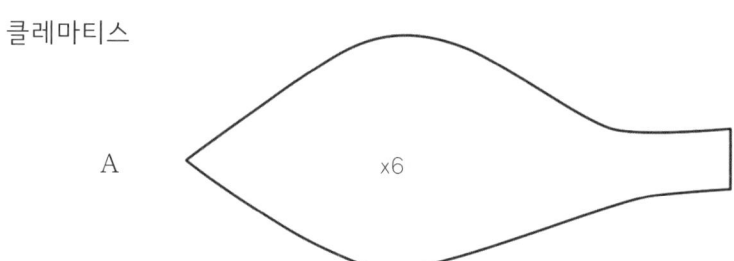

포인세티아

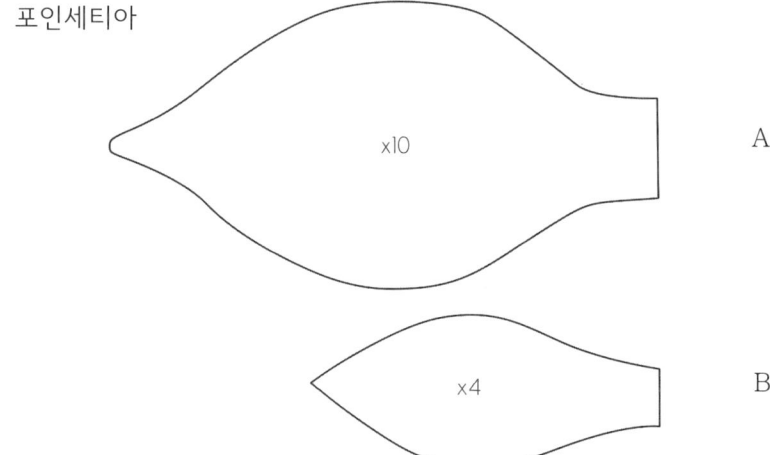

호접란

A B C

히비스커스

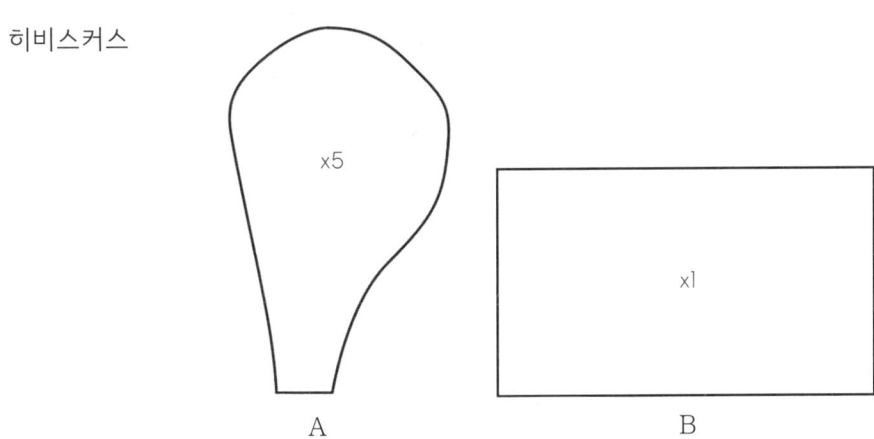

A B

히아신스

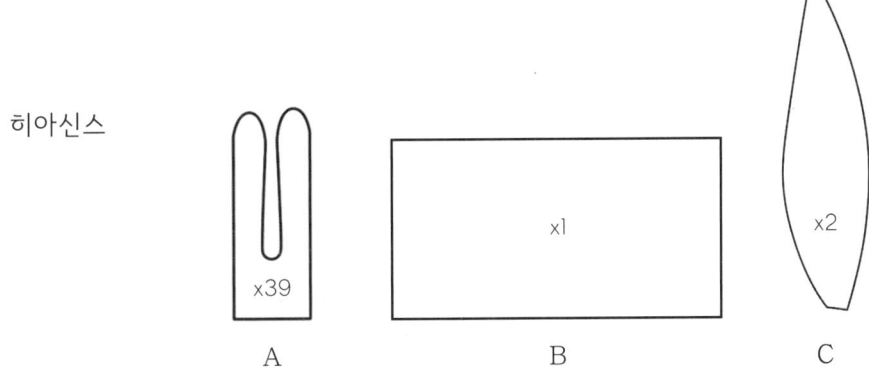

A B C

“
구체적인 목표가 있다면
당신은 무엇이든 이룰 수 있습니다
”

이 책의 저작권은 한국식품공예연구원에 있습니다. 저작권법에 의하여 보호를 받는 저작물이므로 무단전재와 무단복제를 금합니다. 이 책의 전부 또는 일부를 사용하려면 반드시 저작권자의 동의를 받아야 합니다. 파본은 구입처에서 교환해드리며, 관련 법령에 따라 환불해드립니다. 단 제품 훼손 시 환불이 불가능합니다.

웨이퍼 페이퍼 플라워
Wafer Paper Flowers

초판	2019년 11월 1일
지은이	조현정 남희원 이나래
ISBN	979-11-960208-2-8 13590
가격	19,000원
발행인	한국식품공예연구원
발행처	도서출판 씨앤디북스
신고번호	제2017-000001호